MILCH

VERLOCKENDE REZEPTE AUS MILCH, JOGHURT, KÄSE UND SAHNE

Wissenschaftliches und Hintergründiges über das Nährstoffwunder Milch

ANNIE BELL

FOTOS: CON POULOS

BUSSECOLLECTION

Für Elizabeth Bell

Originalausgabe:
THE MODERN DAIRY
erschienen 2017 bei Kyle Books, an imprint of Kyle Cathie Ltd, London

ISBN 978-0-85783-358-7
www.rylandpeters.com

Deutsche Ausgabe:

Übersetzung: Wiebke Krabbe, Damlos
Satz und Lektorat: Lesezeichen Verlagsdienste, Köln
Druck und Herstellung in China
ISBN 978-3-512-04093-1

www.bussecollection.de

Inhalt

DAS LAND DER MILCH

Meine Leidenschaft für Milchprodukte geht zurück auf eine Reise, die ich vor etwa 20 Jahren unternahm. Im Auftrag des *YOU Magazine* fuhr ich in die Normandie, um den Küchenchef Jean-Christophe Novelli zu interviewen, der kürzlich eine alte Wassermühle zum Restaurant umgebaut hatte. Der Zufall wollte es, dass mich mein Nachbar Max Jourdan als Fotograf begleitete.

Also zwängten wir uns eines Morgens mit all den Kamerataschen und Stativen in sein kleines Auto und brachen auf zur Halbinsel Cotentin, die in den Ärmelkanal ragt und an deren Spitze die Hafenstadt Cherbourg liegt. Die Fahrt verging schnell, weil wir uns viel zu erzählen hatten. Vor allem aber erinnere ich mich, dass wir in einer staubigen Straße im Westen Londons ins Auto einstiegen und bei der Ankunft weiches, hohes Gras unter den Füßen spürten. Noch nie hatte ich so saftiges Gras gesehen. Jeder Halm wirkte wie gemalt: lang und gerade mit schmal zulaufender Spitze. Es sah aus wie gekämmt und hatte einen geradezu überwältigend schweren, süßen Duft.

Auf dem Cotentin fühlt man sich fast wie auf einer Insel. Die Ostküste mit ihren Stränden geht über in die Côte Fleurie, die bei den Impressionisten so beliebt war. Von der Westküste aus kann man Jersey und Guernsey sowie die winzigen Îles Chausey sehen. Der Cotentin besteht teilweise aus flachem Weideland, Salzmarschen und Ästuaren, es gibt aber auch alte Heidegebiete und leicht hügelige Regionen mit Flusstälern. Das Wetter ist rau und unberechenbar, der Wind fegt über das Land und reichlich Regen hält das Weideland saftig.

Ich weiß nicht genau, wie oft ich seitdem auf den Cotentin gefahren bin, denn wir haben dort ein *corps de ferme* gekauft, ein Bauernhaus aus dem 17. Jahrhundert, das einmal dem Cousin des englischen Schriftstellers John Evelyn, Autor des berühmten Buchs *Acetaria* (1699), gehört hatte. Das Haus liegt inmitten des *bocage,* einer Landschaft mit uralten Wiesen und Knicks, die aussieht wie eine zerwühlte Patchworkdecke auf einem ungemachten Bett. Einige dieser Wiesen existieren schon seit Jahrhunderten und wurden niemals gepflügt. Anders als im flachen Weideland um das weiter östlich gelegene Caen hält man das hier auch nicht für nötig. Seit jeher gibt es auf dem Cotentin viele kleine Milchviehbetriebe, und auf den Märkten kann man fantastische Butter, *crème crue* (unpasteurisierte Rohsahne), Quark und Käse kaufen.

Die Begeisterung, die mich beim ersten Schritt auf dem weichen Gras der Normandie gepackt hat, hält bis heute an, ebenso wie mein Faible für Camembert, Livarot und Pont-l'Évêque, die sahnig-pikanten Rohmilchkäsesorten dieser Region. Diese und noch einige mehr werden aus Milch von Kühen hergestellt, die auf den saftigen, duftenden Weiden grasen. Die Qualität ihres Futters schlägt sich selbstverständlich in den Milchprodukten nieder.

Während ich dieses Vorwort schreibe, spannt Jean Legraverand, Milchbauer in der dritten Generation, ein Seil über den Weg zur Weide, auf der seine 75 Normannen

(oder franzöisch: Normandes) in der Augustsonne grasen. Ich könnte die Tiere mit der rassetypischen braunen Sprenkelzeichnung und den *lunettes* – den Augenflecken, die wie eine Brille aussehen – stundenlang beobachten. Wie die Jersey-Rinder (Foto links) geben sie eine besonders fettreiche Milch.

Die Herde hat sich auf vier Hektar Weideland ausgebreitet. Einige Kühe stehen, andere liegen – zu zweit, zu dritt oder allein. Sie erkennen sofort den Ruf des Bauern, der die Melkzeit ankündigt, und machen sich gemächlich – wie große, träge Hunde – auf den Weg zum Gatter. Diese Reaktion ist teils angeboren und teils gelernt. Sie kennen die tägliche Routine, und sie wissen auch, dass ihre prall gefüllten Euter nun erleichtert werden und dass es Futter gibt. Nach und nach stellen sie sich in einer ordentlichen Zweierreihe auf und trotten über den getrockneten Schlamm auf dem schmalen Weg zur Scheune.

Jean hält seine Kühe so frei, wie es nur möglich ist. Nach dem abendlichen Melken und der Fütterung in der Scheune dürfen sie wieder hinaus auf die Weide. Am nächsten Morgen machen sie sich von allein wieder auf den Weg zum Melkstand.

Ich bin sehr erleichtert, dass die Zeit vorüber ist, in der Kuhmilch eine schlechte Presse hatte. Jahrelang war der Verzehr gesättigter Fette pauschal, weil angeblich ungesund, verpönt, vom Verzehr von Milchprodukten wurde tendenziell abgeraten. Inzwischen liegen aber die Ergebnisse weiterer Studien vor, und je weiter die Wissenschaft voranschreitet, desto mehr lernen wir. Der Fettanteil von Milch setzt sich aus über 400 verschiedenen Fettsäuren mit vielfältiger Wirkung zusammen. Viele davon sind durchaus gesund. Wir brauchen uns vor Fetten, vor allem gesättigten, nicht mehr zu fürchten. Wir sollten sie bewusst und in Maßen verzehren, aber wir dürfen sie auf jeden Fall genießen. Und letztlich hat ja auch die Art, wie hochwertige Milch produziert wird, etwas mit guter Ernährung zu tun.

Leider sind Qualität und Gesundheit manchmal schwer in Einklang zu bringen, dann geht eins auf Kosten des anderen. Umso bemerkenswerter ist es, dass bei Milchprodukten Qualität und gesundheitlicher Nutzen Hand in Hand gehen. Allerdings ist dabei die Rede von Milch von Weidevieh und handwerklicher Verarbeitung. Massenhaltung von Stallvieh, Getreidefütterung und die industrielle Verarbeitung in großem Stil haben dazu beigetragen, dass sich die Zusammensetzung von Milchprodukten in den letzten 60 Jahren verändert hat. Dabei kann man fast überall Biomilch kaufen, und in vielen Gegenden gibt es Betriebe, die auf traditionelle Weise Butter, Käse, Sahne und Joghurt herstellen. Ich finde es begrüßenswert, dass die Zahl kleiner Milchbauernhöfe wieder zunimmt. Mit diesem Buch möchte ich zeigen, wie man diese vielseitigen, nährstoffreichen Lebensmittel gesund und zeitgemäß zubereiten kann. Es ist ein Plädoyer für gute Milchprodukte – und vor allem für den Genuss.

MILCH IST (DOCH) GESUND

Je genauer man Milch unter die Lupe nimmt, desto mehr außergewöhnliche Aspekte entdeckt man. Neuerdings vergeht kaum ein Monat, in dem nicht ein weiteres Lebensmittel, meist aus entlegenen Weltregionen, wegen seines beachtlichen Nährstoffgehalts als »Superfood« tituliert wird. Ich kenne aber kein einziges, das sich auch nur annähernd mit Milch messen kann. Milch ist nicht nur erstaunlich nährstoffreich, sie ist auch Grundstoff für eine enorme Vielfalt von Produkten wie Joghurt und Quark, Sahne, Butter und Käse. Milchprodukte kann man überall kaufen und sie sind nicht teuer, vor allem im Vergleich zu anderen Proteinquellen wie Fleisch oder Fisch. Wir haben es mit einem gesunden Lebensmittel zu tun, das Genuss in allen Varianten bietet – mal als würziger Käse, mal als Zutat für süße sowie herzhafte Gerichte.

Seit über 40 Jahren wird gepredigt, den Fettverzehr zu reduzieren, um schlank und gesund zu werden oder zu bleiben. Dennoch nimmt die Zahl der übergewichtigen Menschen zu. Ebenso lange haben viele Menschen einen Bogen um Milchprodukte gemacht, weil sie um ihren Cholesterinspiegel und ihre schlanke Taille fürchteten. Neuerdings ist der Verzicht auf Milchprodukte sogar eine Modeerscheinung. Die fatale Fehleinschätzung der Milch bringt uns um ihren Gesundheitsnutzen und um den Genuss. Es gibt keinerlei Beweis dafür, dass Milchprodukte schädlich sind, außer für Menschen, die an einer echten Unverträglichkeit leiden. Tatsächlich ist das Gegenteil der Fall.

In diesem Buch möchte ich Ängste und Unsicherheiten ausräumen. Meine Rezepte setzen ganz auf den Gesundheitswert von Milch, auf ein Übermaß an gesättigten Fetten und Salz wird hingegen verzichtet. Rezepte, die auch Menschen mit Laktoseintoleranz bedenkenlos essen können, erkennen Sie an dem Symbol LF.

Es geht in diesem Buch weder um Sahnegebirge noch um freudlose Low-Fat-Kost. Alle Rezepte orientieren sich an aktuellen wissenschaftlichen Empfehlungen. Zahlreiche neuere Studien sprechen dafür, regelmäßig die richtigen Arten und Mengen von Milchprodukten zu konsumieren.

Statt Kartoffelpüree mit einer Riesenportion Butter zu verfeinern, genügt auch eine Mischung aus wenig Butter (für den Geschmack) und Olivenöl mit mehrfach ungesättigten Fettsäuren. Es ist auch nicht nötig, mit viel Sahne zu kochen. Halb und halb ist ein gutes Prinzip für Saucen: etwas Crème double oder Crème fraîche und dazu fettarmer Joghurt oder Magerquark. Bei vollfettem Käse ist Maßhalten angesagt, nicht zuletzt wegen des Salzgehalts. Zum Kochen genügt eine kleine Menge für den Geschmack, kombiniert mit Oliven- oder Rapsöl (statt Butter). Auf zusätzliches Salz kann verzichtet werden, denn meist ist der Käse salzig genug.

Sie werden feststellen, dass sich viele traditionelle Rezepte mit Milchprodukten zeitgemäß abwandeln lassen. Ich hoffe, Sie bekommen Lust, mehr gute Milchprodukte auf den Speisezettel zu setzen, denn richtig zubereitet sind sie ebenso gesund wie Obst und Gemüse, Hülsenfrüchte und Getreide.

BAUSTEINE DER ERNÄHRUNG

Bevor wir darüber nachdenken, wie Milchprodukte den Speiseplan bereichern können, wollen wir uns mit den grundsätzlichen Ernährungsbedürfnissen beschäftigen. Dabei geht es um die drei Makronährstoffe Kohlenhydrate, Fette und Eiweiß, die wir in größeren Mengen zu uns nehmen, um unseren Energiebedarf zu decken. Hinzu kommen die Mikronährstoffe: Mineralien, Vitamine und Spurenelemente. Von ihnen brauchen wir zwar nur geringe Mengen, diese jedoch unbedingt, weil sie verschiedene Körperfunktionen unterstützen, das Wohlbefinden steigern und Krankheiten vorbeugen.

Die empfohlene Verzehrmenge der Makronährstoffe wird als prozentualer Anteil der Gesamtenergie angegeben. Im Idealfall sollen wir 50 % des Energiebedarfs durch Kohlenhydrate decken, davon soll freier Zucker aber höchstens 5 % ausmachen (er ist auch in Erfrischungsgetränken, Fruchtsäften und Honig enthalten). Fett soll höchstens 35 % der Tagesenergiemenge ausmachen, davon maximal ein Drittel gesättigte Fette. Milchprodukte gibt es mit einem Fettgehalt zwischen 0 und 80 %. Proteine bilden eine Art Mittler zwischen den beiden anderen Nährstoffen. Dass Proteine einen hohen oder niedrigen Anteil von Milchprodukten ausmachen können, lässt sich bei der Planung einer gesunden Ernährung durchaus als Vorteil nutzen.

Die meisten Lebensmittel enthalten alle drei Makronährstoffe, jedoch in unterschiedlichen Anteilen. Produkte mit einem hohen Anteil von Kohlenhydraten enthalten meist wenig Fett und Proteine. Fettreiche Lebensmittel enthalten umgekehrt wenig Kohlenhydrate und Proteine. Und ist der Proteingehalt hoch, sind Fett- und Kohlenhydratanteil niedrig. So einfach ist das.

IDEAL

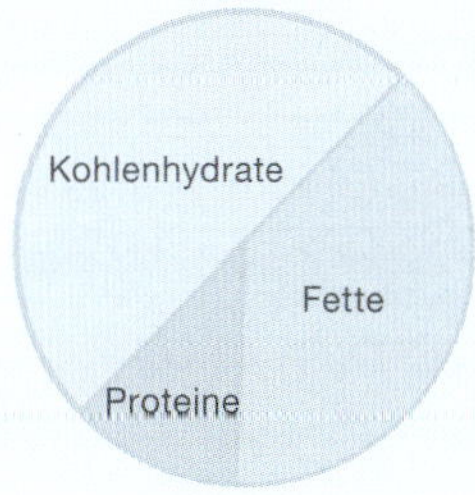

Die Nährstoffzusammensetzung der meisten Lebensmittel ist relativ stabil. Fleisch und Fisch sind proteinreich, Obst enthält viele Kohlenhydrate. Bei Milchprodukten kann die Zusammensetzung allerdings stark variieren. 100 g Parmesan beispielsweise schlagen mit 30 g Fett, 36 g Proteinen und 1 g Kohlenhydraten zu Buche. Dieselbe Menge Quark dagegen enthält nur 1 g Fett, 14 g Proteine und 4 g Kohlenhydrate. Und gerade in dieser Vielseitigkeit, die sich in keiner anderen Lebensmittelgruppe findet, liegt der Gesundheitswert von Milchprodukten: Sie können selbst entscheiden, auf welche Nährstoffgruppe Sie den Schwerpunkt legen.

FETT ESSEN, UM SCHLANK ZU WERDEN?

Neben der Menge eines Makronährstoffs spielt auch die Qualität eine Rolle. Wenn etwa empfohlen wird, den Verzehr von Kohlenhydraten, Fetten oder Proteinen zu reduzieren, ist es für die Gesundheit von Bedeutung, wodurch der jeweilige Nährstoff ersetzt wird. Es wäre beispielsweise nicht klug, statt eines Vollmilchnaturjoghurts einen fettreduzierten Erdbeerjoghurt zu essen. Im Low-Fat-Fruchtjoghurt ist das Milchfett (und seine wertvollen Mikronährstoffe) durch freien Zucker ersetzt, der keinerlei Nährstoffe, sondern nur leere Kalorien enthält. Fettreduzierte Ernährungspläne sind inzwischen umstritten, das »Feindbild Fett« ist überholt. Auch vor dem Fett in Milchprodukten braucht man sich nicht grundsätzlich zu fürchten. Es ist ein hochwertiges Lebensmittel, wenn man es bewusst und maßvoll zu sich nimmt.

Die Empfehlung, sich fettarm zu ernähren, um Gewicht zu verlieren oder chronischen Krankheiten vorzubeugen, wird durch immer mehr Studien in Zweifel gezogen. Die offiziellen Empfehlungen sind recht großzügig gefasst. Das Problem besteht eher im Übermaß, und bei vielen Milchprodukten kann man genussvoll zugreifen, ohne mit den empfohlenen Richtwerten in Konflikt zu geraten. Genau darum geht es in diesem Buch: Um die Kunst, Milchprodukte zu genießen und gleichzeitig ihren Nährwert optimal auszuschöpfen.

DREI AM TAG

Gesunde Ernährung dient einem Hauptziel: der Vermeidung von Krankheiten. Das kann man angesichts der Flut wilder Behauptungen manchmal leicht aus den Augen verlieren. Chiasamen sollen die Figur bikinifit machen, Grünkohl und Algen die biologische Uhr zehn Jahre zurückdrehen. Das mag ja sein, und es ist schön, falls es stimmt. Aber wichtiger sollte doch sein, die gefürchteten Zivilisationskrankheiten zu vermeiden: Übergewicht und als Folgeerscheinungen Diabetes und Herzkrankheiten, einige Krebsarten sowie Osteoporose.

Vor der Entscheidung über die individuell richtige Menge von Milchprodukten sollte eine Bestandsaufnahme stehen. Der tägliche Energiebedarf hängt von vielen Faktoren ab: Mann oder Frau, gerade erwachsen oder dem Rentenalter nahe, Fitnessfan oder Fernsehsesselhocker. Dass eine zierliche Frau, die gern stundenlang *Game of Thrones* anschaut, nicht den gleichen Energiebedarf hat wie der stattlicher Kerl von nebenan, der morgens joggt, abends rudert und zwischendurch Holz hackt, sieht jeder sofort ein.

Zwischen etwa 19 und 60 Jahren bleibt der Nährstoffbedarf eines Erwachsenen relativ stabil, danach nimmt er ab. Auch in Schwangerschaft und Stillzeit gibt es Abweichungen. Ein erwachsener Mann, der sich wenig bewegt, braucht pro Tag etwa 2 500 kcal, eine Frau nur etwa 2 000 kcal*. Anhand dieser Richtwerte kann man berechnen, wie hoch der Fettverzehr sein sollte, der in Prozent der Gesamtenergie angegeben wird. Männer sollten höchstens 31 g gesättigte Fette am Tag zu sich nehmen, Frauen maximal 24 g. Die offiziellen Empfehlungen liegen bei 30 g und 20 g.

Wenn man die tägliche Fettmenge mit Milchprodukten zuführt, sind diese Grenzwerte großzügig bemessen. Gefährlich wird es erst, wenn man sich bei Crème double oder Sahneeis gar nicht bremsen kann. Wer beim Verzehr von Milchprodukten Maß hält, aber eine Schwäche für Fast Food, Schweinebauch oder Würste hat, wird den Grenzwert wahrscheinlich ebenfalls überschreiten. Panierte Lebensmittel und Gebäck haben oft einen höheren Gehalt an gesättigten (und versteckten) Fetten als naturbelassene Milchprodukte.

Meine Faustregel für den Verzehr an Milchprodukten ist einfach. Ich achte darauf, täglich fünf Portionen Obst und Gemüse zu mir zu nehmen, und ich plane täglich drei verschiedene Portionen Milchprodukte ein. Die Auswahl kann täglich anders ausfallen. Eine Portion entspricht beispielsweise 150 g Joghurt, 30 g Käse oder 200 ml Milch. Um es auf eine einfache Formel zu bringen: lieber öfter und wenig, und so abwechslungsreich wie möglich. Ohnehin ist Abwechslung das Geheimnis einer gesunden Ernährung. Von allem etwas ist immer besser als nur eins, und davon viel.

Bei allen Rezepten in diesem Buch liegt der Anteil an gesättigten Fetten unter den für Frauen empfohlenen 20 g pro Tag. Die meisten Rezepte enthalten nicht einmal halb so viel – so bleibt Ihnen noch viel Spielraum für die anderen Mahlzeiten.

*Nähere Informationen auf der Website der Deutschen Gesellschaft für Ernährung e.V.: www.dge.de/wissenschaft/referenzwerte

DAS MILCHPARADOX: TRANSFETTE

Der Wunsch, dem Verfall Einhalt zu gebieten, betrifft Menschen ebenso wie Lebensmittel. Es gab schon einmal vielversprechende Anzeichen. In den 1950er-Jahren entdeckte man, dass gehärtete Fette (Transfette) die Haltbarkeit von Backwaren, Knabberartikeln, Margarine und anderen Produkten deutlich verlängerten. Der chemische Härtungsprozess bewirkt, dass die Fette bei Zimmertemperatur fest bleiben. Dadurch können weder Wasser noch Bakterien in die Produkte eindringen und sie verderben. So weit, so gut. Wenig später konnte in Studien aber nachgewiesen werden, dass künstliche Transfette die Blutgefäße schädigen – und zwar erheblich. Wenn künstliche Transfette nur 2 % der Gesamtenergiezufuhr ausmachen, kann das Risiko für Herzerkrankungen um erschreckende 23 % steigen. Heute werden weitaus weniger Transfette verwendet, aber ihren schlechten Ruf werden sie nicht mehr los.

Und nun wird es kompliziert: Es gibt auch natürliche Transfette, und sie kommen ausschließlich in Lebensmitteln vor, die von Wiederkäuern stammen. Also auch in Milchprodukten. Die Hintergründe sind noch nicht genau erforscht, aber diese natürlichen Transfette scheinen im Gegensatz zu den künstlichen sogar vor Herzerkrankungen zu schützen! Diesen Gegensatz zwischen gefährdender und schützender Wirkung kann man nur als Paradox bezeichnen. Dieses Rätsel wird die Forschung sicherlich noch beschäftigen. Wir können bis dahin davon ausgehen, dass die natürlichen Transfette in Milchprodukten der Gesundheit nicht schaden.

GRAS ODER GETREIDE?

Bevor unsere älteren Nachbarn in der Normandie in den Ruhestand gingen, führten sie ein Bauernleben wie in der Vorkriegszeit, als die Industrialisierung noch nicht in die Landwirtschaft eingezogen war. Sie kümmerten sich um ihren kleinen Hof mit einem Schwein, einer Schar Haus- und Perlhühner, einem Truthahn, einem kleinen Gemüsegarten und ein paar Kühen. Zweimal am Tag marschierte Madame Marriette mit ihrem dreibeinigen Hocker auf die Weide, um die Kühe von Hand zu melken. Die vollen Eimer trug sie mit einem Joch, das sie sich über die Schultern legte, zurück zum Haus.

Viele unserer Nachbarn in der Normandie sind solche Kleinbauern. Ihre Kühe grasen fast ganzjährig auf den saftigen Weiden. Nur im Winter, wenn es zu kalt ist und das Gras nicht nachwächst, stehen sie im Stall und werden mit Silage gefüttert. Milch, Butter und Sahne, die auf dem örtlichen Markt verkauft werden, schmecken darum je nach Jahreszeit anders. Im Mai ist die Milch besonders reichhaltig und hat einen herrlichen Duft, weil dann Wildblumen wie Hahnenfuß und Löwenzahn auf den Weiden blühen. Der Unterschied zwischen Sommer- und Wintermilch zeigt, wie komplex ihre Zusammensetzung ist.

Seit dem Zweiten Weltkrieg hat sich die Landwirtschaft, vor allem die Milchviehhaltung, in den Industrieländern drastisch verändert. 1940 bestanden 99 % der Milchkuhherden in den USA aus weniger als 30 Tieren. Heute sind die meisten Farmen große Betriebe, die meist Holstein- oder Holstein-Friesian-Rinder halten und mit proteinreichem Kraftfutter auf hohe Milchleistung trimmen. Die Tiere werden im Stall gehalten und mit Getreide (meist Soja) gefüttert, das mit Nährstoffen angereichert ist. So soll dafür gesorgt werden, dass die Milch zu allen Jahreszeiten einen gleichbleibenden Nährwert hat. Ihre Zusammensetzung ist völlig anders als die meiner Nachbarn, die durch Jahreszeiten und Qualität der Weideflora beeinflusst ist. Die Vorzüge der traditionellen Weidehaltung gelten für alle Länder der Welt, in denen Milchprodukte hergestellt werden.

Dass Übergewicht durch Milchprodukte begünstigt werden kann, wird durch neuere Studien widerlegt. Es gibt sogar Hinweise darauf, dass sie der Gewichtszunahme entgegenwirken können, und dass sie das Risiko für Diabetes und Herzerkrankungen nicht erhöhen. Allerdings enthält Milch aus moderner Massentierhaltung weniger der außergewöhnlichen Fettsäuren, zumal, wenn sie fettreduziert ist. Wahrscheinlich wirkt sich nur biologisch aktive Milch positiv auf Gewicht, Insulinsensibilität und Glukosetoleranz aus.

Man kann also mit gutem Grund annehmen, dass das Problem nicht per se im Milchfett liegt, sondern in dessen Qualität. Fettsäuren im Milchfett sind biologisch aktiv, und der Anteil der aktiven Fettsäuren hängt direkt mit der Ernährung der Kuh zusammen – optimal ist die natürliche Ernährung mit frischem Gras. Wir können die Zeit nicht zurückdrehen und die »Industrialisierung« der Landwirtschaft ungeschehen machen, aber wir können als Verbraucher bewusste Entscheidungen fällen.

Mit Biomilchprodukten sind wir auf der sicheren Seite. Die Standards unterscheiden sich von Land zu Land geringfügig, aber in den meisten Fällen ist vorgeschrieben, dass der Hauptanteil des Futters aus biologisch kultiviertem Gras und Klee oder äquivalenter Silage bestehen muss. Getreide und Hülsenfrüchte dürfen nur in kleinem Umfang zugefüttert werden. Außerdem muss das Vieh in einem Laufstall mit großzügigem Platzangebot gehalten werden oder während der Sommersaison die Möglichkeit zum Weidegang haben. Das sind völlig andere Bedingungen als in der Massentierhaltung, in der die Kühe mit Getreide gefüttert werden und niemals einen frischen Grashalm zu sehen bekommen. In vielen Ländern kehren kleine landwirtschaftliche Betriebe wenigstens teilweise zu den traditionellen Methoden zurück. Wenn Sie also vor der Kühltheke angesichts des riesigen Angebots den Überblick verlieren, ist das Stichwort Bio ein guter Anfang.

MINERALIEN UND VITAMINE

Kalzium

Unsere Knochen und Zähne bestehen zu sagenhaften 99 Prozent aus dem Mineral Kalzium. Da liegt es nur nahe, dass wir es in großen Mengen zu uns nehmen müssen. Reguliert wird der Kalziumhaushalt durch einen Prozess, den man Homöostase nennt. Sie ist ein faszinierendes Beispiel für die Funktion unseres Körpers. Bei einer Blutuntersuchung wird der Kalziumwert gar nicht bestimmt, denn unabhängig davon, wie viel Kalzium man mit der Nahrung aufnimmt, würde er immer normal ausfallen – es sei denn, es liegt eine ganz grundlegende Funktionsstörung vor. Die Knochen stellen eine Art unerschöpflichen Kalziumspeicher dar und sie regulieren auch den Kalziumgehalt des Bluts. Wenn aus irgendwelchen Gründen der Kalziumgehalt des Bluts sinkt, greift der Körper auf diesen Speicher zurück, um den Status quo wiederherzustellen. Bei einem ernährungsbedingten Kalziummangel werden also die Knochen quasi ausgesogen.

Darin liegt die Gefahr, die sich durch ungenügende Kalziumzufuhr ergibt. Der Körper kann jahrelang auf den Kalziumspeicher der Knochen zurückgreifen, ohne dass Symptome auftreten. Erst in fortgeschrittenem Alter machen sich die Konsequenzen bemerkbar: Etwa 40 Prozent der Frauen über 50 erleiden irgendwann in ihrem Leben einen Knochenbruch, der auf Osteoporose (Verringerung der Knochendichte) zurückzuführen ist. Diese Zahl verdeutlicht eindrucksvoll, warum drei Portionen Milchprodukte pro Tag – wegen des Kalziumgehalts – so wichtig sind.

Der Kalziumgehalt ist das große Plus von Milchprodukten. Kein anderes Lebensmittel kann hier diesbezüglich mithalten. Ein Glas Milch enthält bis zu 240 mg Kalzium, und in konzentrierten Milchprodukten liegt der Wert noch höher. 100 g Edamer enthalten beispielsweise 795 mg Kalzium. Zum Vergleich: 100 g Sardinen aus der Dose (mit Gräten) enthalten etwa 60 g, dieselbe Menge Lachs etwa 47 mg und zwei große Röschen Brokkoli nur 34 mg. Mit drei Portionen Milchprodukten lässt sich der tägliche Kalziumbedarf also recht einfach decken. Hinzu kommt, dass der Fettgehalt keinen Einfluss auf den Kalziumgehalt hat, sodass wir ganz nach Geschmack wählen können.

KALZIUMBEDARF

525 mg pro Tag	Kleinkinder unter 1 Jahr
350 / 450 / 550 mg pro Tag	Kinder 1–3 / 4–6 / 7–10 Jahre
800 / 1 000 mg pro Tag	Jugendliche 11–18 Jahre (Mädchen / Jungen)
700 mg pro Tag	Erwachsene
1 250 mg pro Tag	Stillende Mütter
1 000 mg pro Tag	Erwachsene mit Osteoporose
1 200 mg pro Tag	Frauen nach der Menopause
1 200 mg pro Tag	Männer über 55 Jahren
1 000 bis 1 500 mg pro Tag	Erwachsene mit Zöliakie
1 000 / 1 200 mg pro Tag	Erwachsene mit Reizdarmsyndrom (unter / über 55 Jahren)

Der Kalziumbedarf und die Absorptionsfähigkeit verändern sich im Lauf des Lebens. Von der Geburt bis etwa zum 20. Lebensjahr findet das aktive Wachstum statt. Die Knochendichte erreicht ihr Maximum mit 20–30 Jahren. Danach beginnt ein allmählicher Abbauprozess. Eine optimale Knochendichte ist aber wichtig, um später das Risiko von Knochenbrüchen zu verringern. Vor allem für junge Menschen im aktiven Wachstum sind Milchprodukte sehr wertvoll. Ohne sie könnten sie kaum ihren Kalziumbedarf decken.

Vitamine

Milchprodukte sind ausgesprochen reich an Vitaminen und anderen Mikronährstoffen. Vollmilch (jedoch nicht fettarme Milch) enthält viel fettlösliches Vitamin A in Form von Retinol und Karotin, das wichtig für das Sehvermögen ist. Außerdem liefern Milchprodukte das fettlösliche Vitamin K, das für die Blutgerinnung benötigt wird und auch bei der Knochenbildung eine Rolle spielt. Sie versorgen uns ferner mit den wasserlöslichen B-Vitaminen – B_1 (Thiamin), B_2 (Riboflavin), B_3 (Niacin), B_5 (Pantothensäure), B_6 (Pyridoxin), B_7 (Biotin), B_{12} (Cobalamine) sowie Folsäure. B-Vitamine haben verschiedene wichtige Aufgaben. B_{12} wird für die Bildung roter Blutkörperchen und für die Nervenfunktion benötigt, B_2 ist ein Coenzym, das im Energiehaushalt eine Rolle spielt. Das Mineral Jod unterstützt die Produktion von Schilddrüsenhormonen, die zur Regulierung des Stoffwechsels beitragen. Und schließlich versorgen Milchprodukte den Körper mit Phosphor und Kalium.

Vitamin D

Die Angabe, dass Milchprodukte viel Vitamin D enthalten, ist nicht ganz richtig. Manche Milchprodukte werden aber mit Vitamin D angereichert, weil dieses die Kalziumaufnahme unterstützt. Ohne Vitamin D kann der Körper Kalzium nicht verwerten, und das Mineral, das für den gesunden Knochenaufbau erforderlich ist, wird ungenutzt ausgeschieden. Allerdings leiden viele Menschen an Vitamin-D-Mangel. Vor allem bei Heranwachsenden kann dieser Mangel bewirken, dass sie keine optimale Knochendichte erreichen.

Der Körper produziert Vitamin D, wenn UVB-Strahlen aus dem Sonnenlicht auf die Haut treffen. Der Anteil der UVB-Strahlung im Sonnenlicht hängt von der Höhe des Sonnenstands ab, und diese wird wiederum durch die geografische Breite, die Jahres- und die Tageszeit bestimmt. Am höchsten ist der Anteil der UVB-Strahlung in den Sommermonaten, in Mitteleuropa also von März bis September. Er nimmt mit zunehmender Entfernung vom Äquator ab, und ebenso, wenn die Tage kürzer werden. Da wir uns in der kalten Jahreszeit dicker anziehen und seltener im Freien aufhalten, die Sonnenstrahlung also wenig Gelegenheit hat, auf unsere Haut zu treffen, sind Vitamin-D-haltige Nahrungsmittel in diesen Monaten umso wichtiger. Davon gibt es aber nur wenige. Außer Wildpilzen sind die meisten, etwa Eigelb und fetter Fisch, tierischen Ursprungs. Darum tritt bei vielen Menschen im Winter ein Vitamin-D-Mangel auf. Besonders gefährdet sind dunkelhäutige und ältere Menschen, weil bei ihnen die Vitamin-D-Synthese durch die Haut langsamer abläuft.

Erschreckenderweise wurden wieder Fälle von Rachitis bei Kindern festgestellt, obwohl die Krankheit in den Industrieländern lange als ausgemerzt galt. Rachitis wird durch Vitamin-D-Mangel verursacht und äußert sich durch Knochenfehlbildungen, meist stark verkrümmte Beine. In China, der Mongolei sowie Teilen Afrikas, des Nahen Ostens und Lateinamerikas tritt sie noch häufiger auf. Die neuen Fälle in Mitteleuropa werden darauf zurückgeführt, dass Kinder weniger draußen spielen als früher. Auch der Einsatz von Sunblockern spielt eine Rolle. Schon der Lichtschutzfaktor 8 reduziert die Vitamin-D-Synthese. Sie kann aber noch bei Lichtschutzfaktor 30 stattfinden, wenn man täglich 10–20 Minuten im Sonnenlicht verbringt. Ansonsten sollte es für Menschen mit heller Haut genügen, zwischen April und September zwei- bis dreimal wöchentlich Hände, Gesicht und Arme (ohne Sonnenschutzcreme) zwischen 11 und 15 Uhr 5–10 Minuten dem Sonnenlicht auszusetzen, um ausreichend Vitamin D zu produzieren. Ältere und dunkelhäutige Menschen müssen mehr Zeit in der Sonne verbringen.

Hinweis: Die Deutsche Gesellschaft für Ernährung empfiehlt für Säuglinge (bis 1 Jahr, gestillte und nicht gestillte) eine zusätzliche Gabe von 10 µg Vitamin D pro Tag, für Kinder ab einem Jahr, Jugendliche, Erwachsene – inklusive Senioren, Schwangere und Stillende – 20 µg (das entspricht 800 IE) Vitamin D pro Tag. Nur wer sich viel draußen aufhält, braucht zusätzlich zur ausgewogenen Ernährung keine Vitamin-D-Gaben.

MILCH

Mit ihrer bescheidenen weißen Farbe täuscht Milch darüber hinweg, dass sie die Grundlage für eine enorme Vielfalt von Produkten ist. Zu ihrem Charakter tragen Klima, Boden und Gras bei, aber auch die Tiere und die Menschen, die sie versorgen. In der Ernährung der westlichen Welt sind Milchprodukte eine feste Größe.

Milch ist ein reichhaltiges Lebensmittel. Alle Säugetiere werden nach der Geburt mit Milch ernährt, mehr brauchen sie anfangs nicht zum Überleben. Die Flüssigkeit enthält Eiweiß, Fette, Kohlenhydrate, Milchzucker, Salz, Vitamine und Mineralien. Milch ist einzigartig, und es ist bislang nicht gelungen, sie künstlich nachzubilden.

Vollwertiges Nahrungsmittel

Milch enthält verschiedene Vitamine und Mineralien, viele aber nur in Spuren. Jeder weiß, dass Milch reich an Kalzium ist. Sie versorgt uns aber auch mit Vitamin A, das die Sehkraft und die Gesundheit der Haut stärkt, den Eisenstoffwechsel und das Immunsystem unterstützt. Karotin verleiht der Milch ihre minimal gelbliche Färbung. Da Vitamin A fettlöslich ist, liegt sein verwertbarer Anteil in Vollmilch deutlich über dem von fettarmer Milch oder Magermilch. Fett übernimmt in der Milch eine wichtige Rolle: Es ist Träger der fettlöslichen Vitamine und der essenziellen Fettsäuren und es macht etwa die Hälfte des Energiegehalts der Milch aus.

Kohlenhydrate sind in Form von Laktose (Milchzucker) enthalten. Das wichtigste Protein ist Kasein, das bei der Käseherstellung von der Molke getrennt wird. Als Gerinnungsmittel dient meist Lab, ein Enzym aus dem Kälbermagen.

Pasteurisierung

Die Milch, die wir im Supermarkt kaufen, ist normalerweise pasteurisiert. Durch diese Hitzebehandlung wird die Haltbarkeit verlängert. Bakterien werden abgetötet und Enzyme, die Geschmacksveränderungen bewirken, deaktiviert. Der Nährstoffreichtum ist gleichzeitig der Nachteil von Milch, denn sie bildet einen idealen Nährboden für schädliche Bakterien, darunter der Erreger von Tuberkulose.

Es gibt verschiedene Pasteurisierungsmethoden, aber alle gehen auf den Wissenschaftler Louis Pasteur zurück, der das Verfahren im 19. Jahrhundert entwickelte: Die Milch wird erhitzt, um Schadorganismen abzutöten, und dann schnell abgekühlt.

Homogenisierung

In meiner Kindheit stellte Milchmann Eric an sechs Tagen pro Woche zuverlässig vor dem Frühstück die Milch vor unsere Haustür. Meine Mutter musste an den Zeigern auf dem Kasten nur die Zahl der gewünschten Flaschen und die Deckelfarben einstellen, und Eric lieferte die bestellten Flaschen.

Die Farbe der Foliendeckel verwies auf den Fettgehalt der Milch – von üppig rahmig bis dünnflüssig. Wir waren eine Silberdeckelfamilie, also hinsichtlich des Milchfetts im Mittelfeld. Ich kann mich gut erinnern, wie wütend mein Vater war, als ich in jugendlichem Übermut alle Flaschen öffnete, um den Rahm für meine Cornflakes abzuschöpfen. Ihm blieb für seinen Kaffee nur die fade Magermilch. Es hat wohl mit der nostalgischen Erinnerung an eine (köstliche) Unart zu tun, dass ich homogenisierte Milch charakterlos und langweilig finde.

Die Homogenisierung ist ein Verfahren, durch das Milch eine gleichmäßige Farbe und Konsistenz erhält. Verzichtet man darauf, steigen die Fettmoleküle auf, weil sie leichter sind als die wässrigen Bestandteile, und bilden die Rahmschicht.

Die einfallsreichen Franzosen haben dieses Verfahren entwickelt, bei dem Milch mit hohem Druck durch eine feine Düse auf eine harte Oberfläche gespritzt wird. Dadurch werden die Fettkügelchen auf ein Viertel ihrer ursprünglichen Größe zerkleinert und verteilen sich gleichmäßig in der Milch.

MILCHSORTEN

Die unterschiedlichen Milchsorten ergeben sich aus dem Fettgehalt. Der Gehalt an Kalzium und anderen Nährstoffen ist bei allen Milchsorten – unabhängig vom Fettgehalt – ungefähr gleich. Anders sieht es bei den fettlöslichen Vitaminen Retinol und Karotin aus. 100 ml Magermilch enthalten 1 mg Retinol und nur Spuren von Karotin, 100 ml Vollmilch dagegen 33 mg Retinol und 20 mg Karotin.

Magermilch hat mit 0,3–0,5 g Fett pro 100 ml den niedrigsten Fettgehalt. Sie enthält etwas mehr Kalzium als Vollmilch, aber deutlich weniger fettlösliche Vitamine, vor allem Vitamin A.

Fettarme Milch ist die meistverbrauchte Sorte. 100 ml enthalten etwa 1,5 g Fett.

Vollmilch hat einen Fettgehalt von 3,5–3,9 g pro 100 ml.

Biomilch hat die gleiche Nährstoffzusammensetzung, stammt aber von Vieh, das nach strengeren Richtlinien gehalten wird: kein Einsatz von Kunstdünger, Pestiziden oder anderen Chemikalien, möglichst Weidehaltung. Schon aus diesem Grund sollte sie bevorzugt werden.

Sterilisierte und ultrahocherhitzte Milch (H-Milch) ist deutlich länger haltbar als Frischmilch. Sterilisierte Milch enthält weniger Nährstoffe, vor allem Vitamin B und C. Bei beiden werden durch die Reaktion mit Sauerstoff in der Verpackung Folsäure und Vitamin B_{12} abgebaut. H-Milch ist besonders lange haltbar, schmeckt aber unangenehm nach »gekochter Milch«.

Rohmilch ist völlig naturbelassen. Sie darf gefiltert werden, jedoch dürfen keine Mikrofilter zum Einsatz kommen. In Deutschland darf man sie nur auf dem Hof des Erzeugers kaufen, in anderen Ländern auch in Käsereien.

Vorzugsmilch ist Rohmilch, die für den Verkauf im Handel verpackt wurde. Bei beiden liegt der Fettgehalt pro 100 ml bei 3,5–4 g.

Schaf- und Ziegenmilch schmecken angenehm und sind in gut sortierten Bioläden erhältlich. Laktosefreie Milch gibt es inzwischen in den meisten Supermärkten.

Kochen mit Milch

In meiner Kindheit gab es abends immer einen Becher heiße Milch. Auf dem Herd stand ein kleiner Topf mit einem Milchwächter – einem Plättchen aus hitzebeständigem Glas, das klapperte, wenn die Milch zu kochen anfing. So konnte man sie noch schnell vom Herd nehmen, bevor sie überkochte. Dieses praktische Hilfsmittel kennt heute kaum noch jemand. Es gibt aber auch andere Tipps zum Erhitzen von Milch.

Milch brennt leicht am Topfboden an, weil das Molkenprotein und die Kaseinpartikel absinken. Abhilfe schafft ein beschichteter Topf, der aber nur mäßig erhitzt werden sollte, damit auch die Ränder des Topfbodens und die Topfwände nicht zu heiß werden.

Das Kochen mit Milch ist nicht ganz einfach, weil vor allem säurehaltige Zutaten bewirken können, dass die Milch gerinnt. Ich verwende Sie als Garflüssigkeit vorsichtshalber nur für Zutaten, die auf ganz schwacher Hitze gar ziehen sollen, beispielsweise Fisch oder Kartoffeln. Andere Zutaten koche ich lieber separat und mische sie erst dann mit der Milch.

Geschmack

Ich finde nicht, dass Milch einen starken Eigengeschmack hat. Allenfalls der Zucker und der Fettgehalt sind wahrzunehmen. Ungekochte unpasteurisierte Milch ist geschmackvoller als pasteurisierte, darum haben auch Butter, Käse und Sahne aus unpasteurisierter Milch so viel mehr Geschmack. Zum Kochen sind diese Produkte viel zu schade, denn das Erhitzen kommt ja einer Pasteurisierung gleich. Im Kaffee mag ein Schuss fettarmer Milch genügen, für Suppen oder Saucen eignet sich Vollmilch besser. Das Frühstücksmüsli ist mit Roh- oder Vorzugsmilch ein besonderer Genuss.

Aufbewahrung

Wenn Milch mehrere Stunden dem Tageslicht ausgesetzt ist, kann sich der Riboflavingehalt um 70 % reduzieren, und von den 1–1,5 mg Vitamin C pro 100 ml bleibt so gut wie nichts übrig. Meine Mutter wusste das vermutlich nicht, aber sie bekam ja auch täglich frische Milch ins Haus geliefert. Heute gilt nach dem Einkauf und nach jeder Entnahme: Ab in den dunklen Kühlschrank!

Ich versuche, Milch binnen zwei Tagen nach dem Öffnen zu verbrauchen, auch wenn der Aufdruck eine längere Haltbarkeit verspricht. Nach dem Öffnen beginnt die biologische Uhr zu ticken, und Milch ist empfindlich. Je mehr Fett sie enthält, desto leichter wird sie sauer, kein Wunder also, dass Magermilch so viel länger haltbar ist. Man kann Milch übrigens einfrieren. Dann ist aber zu bedenken, dass Flüssigkeit sich beim Gefrieren ausdehnt. Nach dem Auftauen muss sie ebenso schnell verbraucht werden wie frische Milch.

Oben links: Buttermilch Unten rechts, von links nach rechts: fettarme Milch, Vollmilch, Rohmilch

BUTTER

Butter kann aus der Sahne von Kühen, Ziegen, Schafen, Kamelen und anderen Weidetieren hergestellt werden. Durch das Schlagen wird die Sahne von einer Öl-in-Wasser-Emulsion in eine Wasser-in-Öl-Emulsion umgewandelt. So würde ein Chemiker es ausdrücken. In der Praxis wird dabei das Butterfett von der Buttermilch getrennt.

Handgemachte Butter

Auf den kleinen Höfen in der Normandie zieht sich die Butterherstellung über die ganze Woche hin. Jeden Abend wird der Rahm von der Milch abgeschöpft, bis die Menge ausreichend groß genug ist. Weil der Rahm über mehrere Tage gesammelt wird, setzt bereits ein natürlicher Fermentierungsprozess ein. Dabei entstehen Verbindungen, die dieser Butter ihren intensiv sahnigen Geschmack geben. Natürliche Bakterien im Rahm verwandeln einen Teil der Laktose in Milchsäure und bewirken eine milde Säuerung.

In den kommerziellen Molkereibetrieben wird dieser Prozess meist künstlich eingeleitet. Der Rahm wird mit einer Zentrifuge von der Magermilch getrennt, dann pasteurisiert und schließlich mit Kulturen wie *Lactococcus lactis* geimpft, der die Fermentierung oder Reifung des Rahms bewirkt. Dieser Reifungsprozess ist es, der »mildgesäuerter« Butter ihren wunderbar frischen Geschmack gibt.

Aber zurück in die Normandie. Am frühen Morgen, meist am Tag vor dem Markttag, wird der gesammelte Rahm ins Butterfass *(baratte)* gefüllt und 1–1,5 Stunden kräftig gestampft. Dabei bilden sich Butterklümpchen, die allmählich größer werden, aneinanderhaften und schließlich eine halbfeste Masse bilden. Als Nebenprodukt entsteht Buttermilch, die aus dem Butterfass abgelassen wird. Die Butter wird nun gewaschen, geknetet und auf einer Platte mit zwei hölzernen Paddeln geformt.

Handelsübliche Butter enthält etwa 80 % Butterfett, handwerklich hergestellte manchmal nur 65 %. Schaut man sie beim Anschneiden genau an, sieht man oft noch Spuren von Feuchtigkeit zwischen den Fettkügelchen – für mich ein Qualitätsmerkmal. Der Geschwindigkeitsunterschied zwischen einer altmodischen Butterschleuder mit Handkurbel und einer modernen Industrietrommel mit Motor ist vergleichbar mit dem zwischen Pferdefuhrwerk und Rennwagen.

Saison und Qualität

Die Qualität von Butter, Milch und Sahne hat mit der Jahreszeit zu tun. In der Normandie sind sie im Mai und Juni herrlich cremig und leicht gelblich, weil dann die Weiden besonders saftig sind. In manchen Ländern ist es üblich, Butter einzufärben, aber das halte ich für unnötig.

Buttermilch

Buttermilch ist ein Nebenprodukt der Butterherstellung. Sie ist fettarm und verdankt ihren leicht säuerlichen Geschmack der Reifung des Rahms vor dem Buttern. Im 17. und 18. Jahrhundert war Buttermilch die »Belohnung« der Molkereiarbeiterinnen. Heute wird sie in kleinen handwerklichen Betrieben meist an die Kühe verfüttert.

Handelsübliche Buttermilch ist ein Industrieprodukt aus Magermilch und Milchsäurekulturen. Traditionell wird Buttermilch zum Brotbacken eingesetzt. Mischt man sie mit Natron, entsteht Kohlendioxid, das den Teig in die Höhe treibt. Auch als Zutat für Dressings und Süßspeisen ist sie beliebt.

Buttergeschmack

Überall in Europa kann man auf Märkten Butter aus kleinen, handwerklichen Betrieben kaufen. Sie unterscheidet sich in Geschmack und Charakter, außerdem gibt es regionale Unterschiede. Einige sind so hochwertig, dass sie eine geschützte Ursprungsbezeichnung tragen dürfen, beispielsweise französische *Beurre d'Isigny, Beurre Charentes-Poitou* (mein Favorit) und *Beurre des Deux-Sèvres,* spanische *Mantequilla de Soria* oder die *Beurre rose* aus Luxemburg.

»C'est un goût«

Es gibt aber auch Buttersorten, die einen ausgesprochen pikanten Geschmack haben, vergleichbar vielleicht mit einem reifen Stilton. Spricht man in der Normandie den Verkäufer darauf an, wird er höchstens die Schultern zucken und gelassen erwidern *»c'est un goût«,* grob übersetzt »das muss so schmecken«. So lautet die übliche Antwort, wenn man nach dem Probieren einer besonders herben Hofbutter verdutzt reagiert.

Nicht nur die Franzosen kennen solche Butterspezialitäten. In Marokko wird geklärte Butter *(smen)* monate- oder jahrelang vergraben und bekommt in dieser Zeit einen markanten Geruch. In Irland wird gelegentlich ein im Moor vergrabenes Stück Butter entdeckt. In Tibet, Bhutan und Nepal gilt Tee mit ranziger Yak-Butter und Salz als besondere Köstlichkeit. All das »muss so schmecken«!

Aufbewahrung und Haltbarkeit

Die Haltbarkeit von handwerklich hergestellter Butter aus unpasteurisiertem Rahm liegt bei etwa zehn Tagen (ungesalzen) bis drei Wochen (gesalzen). Industriell hergestellte Butter ist normalerweise mehrere Wochen haltbar. Bevor streichfähige Buttersorten entwickelt wurden, bewahrte man Butter nicht im Kühlschrank auf, sondern in einer kühlen Ecke der Küche oder in der Speisekammer. Allerdings aß man damals zu jeder Mahlzeit und auch zwischendurch ein Stück Brot mit Butter. Heute haben wir andere Essgewohnheiten. Wer Butter nur gelegentlich verwendet, hauptsächlich zum Aromatisieren und Verfeinern von Gerichten, sollte sie im Kühlschrank aufbewahren – am besten in einem dicht schließenden Behältnis, denn sie nimmt leicht Gerüche an.

Mit oder ohne Salz?

Ursprünglich wurde Butter gesalzen, um die Haltbarkeit zu verlängern. Heute geht es vorwiegend um den Geschmack. In der Normandie und Bretagne isst man gern Süßrahmbutter, die mit grobem Meersalz gewürzt ist. Sie hat den sahnigen Geschmack mildgesäuerter Butter und überrascht mit kleinen Salzkristallen, die sich auflösen und Brot oder andere Speisen aromatisieren: köstlich zu gedünstetem Gemüse oder Kartoffeln, eventuell gemischt mit einem kleinen Schuss Olivenöl. Ich habe außer ungesalzener Butter gern auch ein Schälchen Meersalzbutter im Kühlschrank. Sie hält lange, und man kann sie leicht selbst machen (siehe Seite 54).

Streichfähige Butter

Als Brotaufstrich ist streichfähige Butter praktisch, aber zum Kochen eignet sie sich nicht sonderlich gut. Manche Sorten enthalten einen kleinen Anteil Pflanzenöl und werden bei Zimmertemperatur schmierig-weich. Eine Ausnahme bilden Buttersorten, die von Natur aus weich sind, entweder infolge des Viehfutters oder weil nur eine bestimmte Schicht aus dem Butterfass verarbeitet wurde. Zu ihnen gehört die Marke Président.

Kochen mit Butter

Zum Braten verwende ich meist Oliven- oder Rapsöl mit etwas Butter für den Geschmack. So halten sich die gesättigten Fette in Grenzen und der Rauchpunkt (die Temperatur, bei der Fett verbrennt und schädliche Stoffe frei werden können) ist höher. Zum Braten eignet sich ungesalzene Butter besser, gesalzene verbrennt schneller.

Neuerdings wird Butter als Bratfett überraschenderweise rehabilitiert. Sonnenblumen- und Maiskeimöl sind reich an ungesättigten Fettsäuren und wurden lange zum Braten bei höheren Temperaturen um 180 °C empfohlen. Beim Erhitzen verändert sich aber die Struktur der Öle, sie oxidieren und es bilden sich Peroxide und Aldehyde, die auch in kleinen Mengen Krebs und Herzerkrankungen verursachen können. Studien haben gezeigt, dass Öle mit vielen ungesättigten Fettsäuren weitaus mehr Aldehyde bilden als Butter, die nur sehr geringfügig oxidiert. Also ist das Braten mit gesättigten Fetten womöglich gesünder als mit Maiskeim- oder Sonnenblumenöl.

Butterschmalz

Die Milchbestandteile der Butter verbrennen bei relativ niedriger Temperatur (ca. 150 °C), darum bevorzugen viele Köche Butterschmalz oder geklärte Butter. Nach dem Schmelzen wird der Schaum von der Oberfläche abgeschöpft und das klare Butterfett abgegossen, jedoch ohne die Feststoffe, die auf den Topfboden sinken. Butterschmalz hat einen Rauchpunkt von etwa 200 °C.

Für Ghee, die indische Variante geklärter Butter, werden die Feststoffe vorher leicht angebräunt, um das Aroma zu verbessern und dem Ranzigwerden vorzubeugen.

KÄSE

Vor einigen Jahrtausenden diente die Herstellung von Käse vor allem dazu, Milch haltbar zu machen, denn damals gab es keine Kühlmöglichkeiten und die Pasteurisierung war noch nicht erfunden. Käse war als nährstoffreiches Lebensmittel sehr wertvoll, zumal er viel länger haltbar war als beispielsweise frisches Fleisch. Heute ist Kühlung kein Problem und viele Menschen bevorzugen jungen, frischen Käse, der weniger Salz und Fett enthält als haltbarer Hartkäse. Junger Käse muss frisch verzehrt werden, manche Sorten halten sich sogar nur einige Tage. Hartkäse wie Parmesan dagegen kann mehrere Jahre reifen.

Ob ein Käse ein gesundes Nahrungsmittel ist, hängt sowohl vom Fett- als auch vom Salzgehalt ab. Im Supermarkt bekommt man Käse abgepackt. Auf der Verpackung ist zwar detailliert alles aufgelistet, was man möglicherweise wissen möchte – bis auf den Namen der Kuh, die besten Käsesorten werden allerdings in Handwerksbetrieben hergestellt oder in kleinen Mengen produziert und auf Märkten oder in kleinen, unabhängigen Läden verkauft. Über ihre Zusammensetzung erfährt man hier weniger. Darum habe ich einige Grundinformationen zusammengestellt, mit denen Sie auch ohne differenzierten Aufdruck eine ungefähre Vorstellung bekommen, wie viel Fett und Salz eine bestimmte Käsesorte enthält.

Ampelsystem

Juliet Harbutt, Begründerin des British Cheese Awards, hat angesichts der enormen Sortenvielfalt und der Verwirrung, die sich daraus für Teilnehmer und Juroren ergab, ein geniales System zur Klassifizierung von Käsesorten anhand der Rinde entwickelt. Ihre sieben Kategorien erfassen jeweils einen bestimmten Fettgehalt und sie lassen sich noch weiter vereinfachen: fettarm, mittlerer Fettgehalt, hoher und sehr hoher Fettgehalt.

Diese einfache Zuordnung ist eine große Hilfe, wenn man Käsesorten aus kleinen Betrieben kaufen möchte und keine genauen Angaben zum Nährwert verfügbar sind. Juliet erklärt: »Die Käserinde verrät viel darüber, was sich darunter versteckt. Mit etwas Erfahrung kann man Rückschlüsse auf den Grundcharakter eines Käses ziehen, auf die Geschmacksintensität, das Alter und den Zustand. Mit sehr wenigen Ausnahmen.« Wie kann das gehen? Weil der Feuchtigkeitsgehalt des Käses nicht nur seine Konsistenz beeinflusst, sondern auch die Entwicklung der Rinde.

Dieses Prinzip lässt sich ausweiten, und mit etwas einfacher Mathematik kann man sogar berechnen, wie viel gesättigte Fette der fragliche Käse enthält. Die gesättigten Fette machen ungefähr zwei Drittel des gesamten Fettgehalts aus. Wenn 100 g einer Käsesorte also 30 g Fett enthalten, sind davon etwa 20 g gesättigte Fette. Mit dieser Faustregel lässt sich beim Kochen schnell überschlagen, wie viel Käse sie im Interesse Ihrer Gesundheit verwenden können (siehe rechte Seite).

FETTARM 22 % und weniger	MÄSSIG FETT 22–28 %	FETTREICH 28–36 %	SEHR FETTREICH 36 % und mehr
Frischkäse (ohne Rinde) Ricotta Ziegenfrischkäse Mozzarella Burrata Feta Quark	*Gereifter Frischkäse (runzlige weiße bis graublaue Rinde)* *Weichkäse mit weißer Rinde (schwammige weiße Rinde)* *Halbfester Käse (Rinde dünn bis dick, graubraun oder orange und klebrig)* Camembert Brie Crottin de Chavignol Raclette Saint-Nectaire Saint-Félicien Chaource Livarot La Tur Gorgonzola Vacherin Mont d'Or Mimolette (jung) Époisses de Bourgogne	*Hartkäse (feste, oft gewachste oder ölige Rinde)* *Blauschimmelkäse (körnige, raue, manchmal klebrige Rinde)* Emmentaler Cheddar Abondance Mimolette (alt) Gouda Roquefort Cantal Tête de Moine Tomme de Brebis Leerdammer Parmesan	*Rahmweichkäse (weiße, schwammige Rinde)* *Rahmkäse* Mascarpone Délice de Bourgogne Ziegen-Blauschimmelkäse

Fett absolut vs. Fett in der Trockenmasse

In einigen Ländern Europas, etwa in Deutschland, wird der »Fettgehalt in der Trockenmasse« angegeben. In diesem Fall wird der Wasseranteil des Käses abgezogen, um zu ermitteln, wie viel Fett die verbleibende Trockensubstanz enthält. Dieser Wert ist logischerweise höher als der absolute Fettgehalt. Die meisten Käsesorten haben einen Fettgehalt von weniger als 45 % (es sei denn, es wurde Sahne zugesetzt). Falls Sie einen Käse – meist einen Brie oder Camembert – finden, der mit sagenhaften 75 % Fett daherkommt, liegt es wahrscheinlich daran, dass hier der Fettgehalt in der Trockenmasse angegeben ist. Lassen Sie sich also nicht von den verschiedenen Werten verwirren!

Salz

Salz (Natrium) ist ein heikles Thema. Es ist lebenswichtig und kann trotzdem lebensgefährlich sein. Natrium reguliert den Flüssigkeitshaushalt des Körpers, die Übertragung von Nervensignalen und Muskelimpulsen. Nimmt man aber über längere Zeit zu viel Salz über die Nahrung zu sich, steigt der Blutdruck und somit das Risiko für Herz-Kreislauf-Erkrankungen. Zu viel Salz wird auch mit Magenkrebs und Nierenerkrankungen in Zusammenhang gebracht. Wir alle könnten mit weitaus weniger Salz leben, als wir es gewohnt sind. 1 g Natrium pro Tag würden für die normalen physiologischen Funktionen genügen. Die Verzehrempfehlung liegt bei maximal 6 g, aber die meisten Menschen nehmen deutlich mehr zu sich.

Der Salzverzehr ist schwer einzuschätzen, weil 80 % der täglichen Menge in gekauften Lebensmitteln enthalten ist (etwa im Brot). Auch die Angaben auf den Zutatenlisten sind nicht immer erhellend, denn Speisesalz besteht zu 40 % aus Natrium und zu 60 % aus Chlorid. Meist wird aber nur der Natriumwert angegeben. Dieser muss mit 2,5 mulipliziert werden, um den Gesamtsalzgehalt zu ermitteln. Wer das nicht weiß, verlässt sich auf den Natriumwert und nimmt möglicherweise mehr Salz zu sich, als er glaubt.

Viele Hartkäsesorten sind ohne Salz nicht denkbar, denn es unterstützt den Reifungsprozess. Manche Sorten werden in ein Salzbad gelegt oder mit Salzlake eingerieben, damit sich die Rinde festigt. Auch Feta und andere frische Käsesorten werden in Lake (Salzwasser) eingelegt.

Noch ein Ampelsystem

Das Ampelsystem gibt grünes Licht für Käsesorten mit weniger als 0,3 g Salz pro 100 g Käse. Gelb gilt für 0,3–1,5 g und Rot für einen Salzgehalt über 1,5 g. Manche Frischkäsesorten enthalten gar kein Salz, andere – vor allem reife Hartkäsesorten – liegen im roten Bereich. Das heißt nicht, dass man sie nicht essen darf. Wichtig ist nur, den Gesamtsalzgehalt der Mahlzeit im Blick zu behalten. Ein Risotto braucht beispielsweise beim Kochen gar nicht gesalzen zu werden, wenn Sie es später mit Parmesan würzen. Auch bei Gemüsegerichten mit Käse oder Salat mit einem Blauschimmelkäsedressing kann auf die Zugabe von Salz meist verzichtet werden.

Kochen mit Käse

In meiner Kindheit gab es bei uns oft Fondue, Gratins oder überbackenes Gemüse, also Gerichte mit mehr Fett (und Kalorien) als der Gesundheit allgemein zuträglich ist. Zum Glück haben sich die Essgewohnheiten geändert und wir kochen heute kreativer als noch vor 20 oder 30 Jahren. Das gilt auch für Käse. Ein Löffel geriebener Parmesan auf einem Teller Suppe, etwas Gruyère, Abondance, Emmentaler oder Comté auf Gemüse oder einem Salat – das genügt, um dem Gericht Charakter und Geschmack zu geben und dennoch gesundheitlich im grünen Bereich zu bleiben.

Ich habe immer mittelalten Ziegenkäse im Kühlschrank, um ihn für Salat mit Ofengemüse und Dinkel, Muffins, Omeletts und Frittatas zu verwenden. Ricotta und ähnliche fettärmere Frischkäsesorten mit hohem Proteingehalt eignen sich für Füllungen oder können über Gerichte gebröselt werden, die unter dem Grill überbacken werden. Quark und Frischkäse dienen als Grundlage für cremige Süßspeisen.

Oben links: Abondance Oben rechts: Ziegenfrischkäse Unten links: La Tur Unten rechts Tomme de Brebis

SAHNE

Am Beispiel der Sahne lässt sich besonders deutlich zeigen, wie sich unsere Kochgewohnheiten in den letzten Jahrzehnten verändert haben. In meiner Kindheit waren warme Süßspeisen mit flüssiger Sahne, Kuchen mit reichlich Schlagsahne, üppige Trifles und Pavlovas an der Tagesordnung. Und auch Kaffee und Tee oder Cornflakes mit Banane schmeckten uns mit flüssiger Sahne deutlich besser.

Dass sich in dieser Hinsicht die Gewohnheiten geändert haben, hat mit dem Gesundheitsbewusstsein zu tun. Meiner Meinung nach hat aber auch die Einführung von Crème fraîche dazu beigetragen. Sie schmeckt so köstlich, dass man zum Schokoladenkuchen nur einen kleinen Klecks braucht, statt wie früher eine ganze Schüssel Schlagsahne. Wer nur einen Becher Sahne im Kühlschrank haben will, sollte Crème fraîche kaufen, weil sie so vielseitig ist.

SORTENVIELFALT

Koch- und Kaffeesahne

Mit einem Fettgehalt von bis zu 19 % (bis 12 % gesättigte Fette) ist dies die leichteste Sahne. Sie ist flüssig und eignet sich gut zum Verfeinern von Suppen und Saucen, sollte aber erst kurz vor dem Servieren zugegeben werden. Auch für Desserts mit Gelatine kann man sie verwenden.

Schlagsahne

Klassische Schlagsahne hat einen Fettgehalt von 30–33 %, Schlagsahne »extra« (auch Konditorsahne) enthält mindestens 36 % Fett. Beide lassen sich gut aufschlagen, die fetthaltigere Variante ist noch etwas standfester.

Ich mische Schlagsahne gern mit fettarmem Naturjoghurt. Für manche Desserts ist er etwas zu mager und fest, aber schon eine kleine Menge Schlagsahne genügt, um ihn zu lockern und aufzuwerten. Schlagsahne und Schlagsahne »extra« sind kochfest, gerinnen aber in Kombination mit Säure, etwa aus Zitrusfrüchten.

Crème double

Sie enthält bis zu 54 % Fett (33 % gesättigte Fette), schmeckt dafür aber relativ nichtssagend. Bei einem so hohen Fettgehalt kann man für sein Geld mehr erwarten. In kleinen Mengen veredelt sie Suppen oder Desserts.

Saure Sahne

Ich verwende gern saure Sahne, weil sie nur halb so viel Fett wie Crème fraîche hat. Sie eignet sich hervorragend für Dips, Saucen und Dressings aller Art, schmeckt aber am besten in herzhaften Zubereitungen, während sich Crème fraîche auch für Süßes eignet. Da saure Sahne beim Erhitzen ausflockt, sollte sie nur für kalte Speisen verwendet werden. Crème fraîche hingegen ist kochfest.

Crème fraîche

Obwohl Crème fraîche so eine cremig-dicke Konsistenz hat, enthält sie nicht mehr Fett als Schlagsahne. Hergestellt wird sie aus pasteurisiertem Rahm, der etwa 18 Stunden mit Milchsäurekulturen reift und so seinen charakteristischen Geschmack erhält. Sie ist lange haltbar und außerdem kochfest. Man kann sie also bedenkenlos an Saucen und andere Zubereitungen geben, ohne dass sie gerinnt oder ausflockt.

Von fettreduzierter Crème fraîche (light) rate ich aber ab, weil sie meist Verdickungsmittel enthält. Verwenden Sie stattdessen lieber etwas weniger normale Crème fraîche oder gleich saure Sahne.

Rohsahne

Unpasteurisierte Rohsahne ist cremig-dick und hat eine schöne Elfenbeintönung. Sie ähnelt Crème fraîche, verdankt ihren säuerlichen Geschmack aber einer natürlichen Reifung. In Deutschland dürfen nur Erzeugerbetriebe Rohsahne verkaufen, und nur wenige davon tun es. Wenn ich in der Normandie bin, kaufe ich sie auf dem Markt oder in kleinen Läden und verwende sie anstelle von Crème fraîche.

Clotted cream

Clotted cream ist eine britische Sahnespezialität, die unbedingt zum traditionellen Cream Tea mit Scones gehört. Ihr Fettgehalt ist vielleicht schlecht für das Figur- und Gesundheitsgewissen, anderseits ist sie viel zu köstlich, um ihr die kalte Schulter zu zeigen. Der Vollständigkeit halber: Sie schlägt mit bis zu 64 % Fett zu Buche (40 % gesättigte Fette). Das ist fast so viel wie Butter, darum sollte Clotted cream ebenso sparsam verwendet werden.

Clotted Cream stammt ursprünglich aus Cornwall und Devon im Westen Englands. Dort wird der Cream Tea noch heute an Sonn- und Feiertagen zelebriert. Bei der traditionellen Herstellung wird Rohmilch in flachen Pfannen erhitzt und dann mehrere Stunden stehen gelassen, bevor der stichfeste Rahm abgeschöpft wird. Er hat eine einzigartige, an der Oberfläche leicht körnige, käsige Konsistenz und einen zarten Karamellgeschmack, der durch das Erhitzen des Milchzuckers entsteht.

Oben rechts: Verschiedene Sahnesorten Unten links: Crème fraîche und saure Sahne

Kochen mit Sahne

Je mehr Butterfett Sahne enthält, desto besser verträgt sie Hitze. Das liegt daran, dass die Fettpartikel den Proteinen chemisch übergeordnet sind. Sahne mit hohem Fettgehalt gerinnt nicht so leicht, wenn sie mit Fruchtsäure, Essig oder sehr salzigen Zutaten in Berührung kommt, und sie bildet beim Erhitzen seltener eine Haut.

In Bezug auf Koch- und Säurefestigkeit ist saure Sahne am wenigsten vielseitig. Schlagsahne ist kochfest, aber nicht säurebeständig, während Crème double (am oberen Ende der Fettskala) geradezu narrensicher ist. Das gilt auch noch für Crème fraîche. Saure Sahne enthält weniger Butterfett als Crème fraîche und kann, wie Koch-/Kaffeesahne, beim Kochen ausflocken. Saure Sahne und Kochsahne sollte man darum erst kurz vor dem Servieren an nicht mehr kochende Speisen geben und auch später nicht erneut aufkochen.

Schlagen

Steif geschlagene Sahne eignet sich gut, um fettarme Milchprodukte wie Ricotta, Quark oder fettarmen Joghurt in Süßspeisen aufzulockern und anzureichern. Geschlagene Sahne neigt dazu, nach einer Weile im unteren Bereich wieder flüssig zu werden, man kann sie dann aber wieder aufschlagen oder gleich etwas Sahnestandmittel unterrühren. Desserts mit Gelatine werden wunderbar locker, wenn man geschlagene Sahne unterhebt. Die Sahne wird luftiger, wenn man Zucker (noch besser: Puderzucker) erst gegen Ende des Schlagens zugibt.

Schlagsahne ist temperaturempfindlich. An heißen Sommertagen kann sie schon zu Butter werden, wenn ein Schneebesen nur in ihre Nähe kommt. Darum sollte man Sahne, am besten auch Schüssel und Schneebesen, vor dem Schlagen kühlen.

Aufbewahrung

Bewahren Sie alle Arten von Sahne im kältesten Teil des Kühlschranks auf und beachten Sie das Mindesthaltbarkeitsdatum. Wer nur selten Sahne verwendet, ist mit Crème fraîche am besten beraten, weil sie sich relativ lange hält.

JOGHURT

Wenn man bedenkt, dass Joghurt nur aus Milch und Bakterien besteht, ist die Sortenvielfalt schon erstaunlich. Manche Sorten sind fast flüssig und säuerlich, andere dick und sahnig. Kaufen Sie am besten einfachen, ehrlichen Joghurt ohne Bindemittel, Konservierungsmittel, Zucker oder Süßstoffe, die verfremden seinen Charakter nur.

Seinen säuerlichen Geschmack verdankt Joghurt den Milchsäurebakterien. Sie wandeln Laktose, den natürlichen Milchzucker, in Milchsäure um. Eine typische Starterkultur könnte Bakterien wie *Lactobacillus bulgaricus, L. acidophilus* und *Streptococcus thermophilus* enthalten. Die meisten Hersteller halten die genaue Zusammensetzung ihrer Starterkulturen geheim. Außerdem gibt es regionale Bakterienarten und -stämme, die beispielsweise griechischem oder bulgarischem Joghurt ihren typischen Charakter geben. Sie brauchen die Bakterien nicht mit Namen zu kennen, aber es hilft, ihre Wirkweise zu verstehen.

Kaufen Sie möglichst Joghurt mit lebenden Kulturen – also aktiven Bakterien. Manche Produkte enthalten probiotische Bakterien, die besonders gesund sein sollen. Biojoghurt schmeckt meist besonders mild und cremig, weil er mit speziellen Kulturen wie *Bifidobacterium bifidum* oder *B. longum* und / oder *Lactobacillus acidophilus* angesetzt wird.

Der Charakter von Joghurt hängt grundsätzlich von der Milch ab. Meist wird Kuhmilch verwendet, aber auch Schaf- und Ziegenjoghurt kann wunderbar cremig sein. In anderen Ländern wird Milch von Kamelen, Wasserbüffeln oder Yaks verwendet, teilweise lässt man den Joghurt in einem Tuch abtropfen. Für das Endprodukt spielen auch Temperatur und Fermentierungsdauer eine Rolle.

Griechischer Joghurt

Dieser Joghurt ist so cremig, weil ihm durch Abtropfen ein Teil der Molke entzogen wird. Der Fettgehalt kann zwischen 0 und 8–10 % liegen. Die Magerstufe ist mit Magerquark vergleichbar: Beide enthalten etwa doppelt so viel Protein und halb so viel Kohlenhydrate wie »normaler« Magerjoghurt, der vergleichsweise langweilig schmeckt. Kein Wunder also, dass griechischer Joghurt so viele Fans hat.

Ich verwende griechischen Magerjoghurt und Magerquark für dieselben Zubereitungen, obwohl die Konsistenz von Quark eher der von Frischkäse ähnelt. Aber beide schmecken köstlich frisch und mild. Sie empfehlen sich für alle, denen herkömmlicher Naturjoghurt zu säuerlich ist.

Oben links: Utensilien zur Herstellung von Joghurt Oben rechts: Quark Unten links: Joghurt

Sauermilchprodukte

Frischkäse

Weißer, junger Frischkäse ist angenehm cremig, und selbst die Magerstufe schmeckt sahniger und weniger säuerlich als Joghurt und Quark. In Frankreich und Belgien unterscheidet man zwischen *fromage frais*, der lebende Kulturen enthalten muss, und *fromage blanc,* bei dem die Fermentierung unterbrochen wurde. Besonders interessant ist *fromage frais à la faisselle.* Der Namenszusatz bezieht sich auf die Form, in die er zum Abtropfen gegeben wird. Er ist etwas schärfer und verursacht auf der Zunge ein leichtes Kribbeln. Ideal für alle, die einmal mit Frischkäse experimentieren wollen.

Quark

Quark stammt aus Deutschland und ist hier in verschiedenen Fettstufen erhältlich. International hat sich vor allem der Magerquark durchgesetzt. Wegen seines hohen Proteingehalts wird er von Menschen geschätzt, die sich kohlenhydratarm ernähren möchten. Er schmeckt als Brotaufstrich unter Konfitüre und ist eine Grundzutat für traditionellen Käsekuchen. Kaum vorstellbar, wie man ohne ihn zurechtkommen soll.

Kochen mit Joghurt

Kritiker behaupten, dass man beim Kochen mit Magerjoghurt und ähnlichen Produkten zwar der Gesundheit Gutes tut, aber auf Geschmack verzichtet. Zugegeben, manche Standardjoghurts schmecken fad. Fettarmer griechischer Joghurt dagegen hat eine schöne Konsistenz und lässt sich problemlos verfeinern. Mit etwas saurer Sahne oder Crème fraîche, mit einem kleinen Schuss Kochsahne, Schlagsahne oder Olivenöl wird er herrlich cremig, hat aber einen Fettgehalt, der das Gewissen und die Taille nicht bekümmert.

Für die meisten Rezepte in diesem Buch werden diese Produkte kalt verwendet. An heiße Gerichte sollten sie – wenn überhaupt – immer kurz vor dem Servieren gegeben werden. Keinesfalls mitkochen, sonst können sie gerinnen und ausflocken.

LAKTOSEUNVERTRÄGLICHKEIT

Während Allergien durchaus gefährlich sein können, geht eine Laktoseunverträglichkeit bzw. Laktoseintoleranz mit unerwünschten, aber selten bedrohlichen Symptomen einher. Außerdem kann die Unverträglichkeit individuell unterschiedlich ausgeprägt sein. Manche Betroffenen reagieren schon auf einen Teelöffel Milch mit Beschwerden, andere können größere Mengen zu sich nehmen, vor allem in Verbindung mit anderen Lebensmitteln.

Die meisten Betroffenen produzieren nur geringe Mengen des Enzyms Laktase und vertragen darum kleine Mengen Laktose. Manchen Studien zufolge liegt diese Menge bei etwa 12 g Laktose pro Mahlzeit (entspricht etwa der Menge in einem Glas Milch). Die Rezepte, die als laktosefrei (LF) gekennzeichnet sind, enthalten höchstens 1 g Laktose auf 100 ml des Endprodukts und werden von allen, die nicht an einer extremen Intoleranz leiden, vertragen.

Wenn Sie meinen, auf Milchprodukte empfindlich zu reagieren, verzichten Sie eine Weile ganz darauf und nehmen sie dann langsam wieder in den Speiseplan auf. Es kommt vor, dass der Körper die Unverträglichkeit auf diese Weise überwindet.

WELTWEITES PHÄNOMEN

Erst in den 1960er-Jahren haben Mediziner entdeckt, dass die Fähigkeit, auch nach der Kindheit Laktose zu verdauen, die Ausnahme ist – und nicht die Regel. In Afrika und Asien sind etwa 70 % der Bevölkerung von Laktoseintoleranz betroffen, in manchen Ländern liegt der Wert sogar bei 100 %. Nur in Nordeuropa haben sich 5–15 % der Menschen an den Verzehr von Milchprodukten angepasst, indem ihr Körper auch nach dem Abstillen weiterhin das Enzym Laktase produziert. Würde man 100 Asiaten vor die Wahl stellen, eine Spinne oder einen Würfel Käse zu essen, dann würden sich 70 von ihnen für die Spinne entscheiden – aber vielleicht ist das auch nur so eine Geschichte. Eine Hypothese besagt, dass die fortgesetzte natürliche Produktion von Laktase bei den Menschen in Mittel- und Nordeuropa genetisch bedingt ist. Vor allem während der Wintermonate bekommen sie nur wenig Sonnenlicht und konnten historisch durch den Milchkonsum eventuelle Kalizum- und Vitamindefizite ausgleichen.

WAS IST LAKTOSEINTOLERANZ?

Neugeborene beziehen etwa 40 % ihrer Energie aus der Laktose in der Muttermilch. In dieser ersten Zeit ist Laktose das wichtigste Kohlenhydrat. Laktose ist ein Disaccharid. Um aus ihr die nötige Energie zu gewinnen, muss sie im Dünndarm mithilfe des Enzyms Laktase in seine Bestandteile Glukose und Galaktose (zwei Monosaccharide) aufgespalten werden. Bei einem Großteil der Weltbevölkerung befindet der Körper aber nach dem Abstillen, dass keine Laktase mehr für die Verwertung von (Mutter-)Milch nötig ist und stellt die Produktion ein. Dann wird der Milchzucker im Darm nicht mehr aufgespalten. Die Folge können Blähungen und Bauchschmerzen sein: die typischen Symptome der Laktoseintoleranz. Auch Menschen, die am Reizdarmsyndrom leiden, können Probleme mit Milchprodukten haben. Mindestens 25 % der Betroffenen leiden zusätzlich an einer Laktoseunverträglichkeit. Außerdem gibt es eine schwere Form, die sekundäre Laktoseintoleranz. Sie wird durch eine Schädigung der Dünndarmschleimhaut verursacht und kann beispielsweise durch Zöliakie, chronisch entzündliche Darmerkrankungen oder medikamentös ausgelöste Darmentzündungen entstehen.

WELCHE MILCHPRODUKTE WERDEN VERTRAGEN?

Bruch ja, Molke nein

Laktose ist wasserlöslich. Wenn beim Gerinnungsprozess der Bruch (die Feststoffe) von der Molke getrennt wird, verbleibt die Laktose größtenteils in der Molke.

Butter

Butter enthält nur einen sehr geringen Anteil von Milchfeststoffen und ist daher nahezu laktosefrei. Butterschmalz und Ghee sind völlig laktosefrei, weil die Milchfeststoffe entfernt wurden. Wer sehr empfindlich auf Milchzucker reagiert, geht mit Butterschmalz nur ein minimales Risiko ein.

Käse

Lesen Sie bei Käse die Zutatenliste. Reine Milchprodukte (ohne Zusatz von Früchten oder anderen Zutaten) enthalten nur einen Zucker, nämlich Laktose. Der Kohlenhydratwert gibt somit den Laktoseanteil an. So können Sie leicht beurteilen, ob ein Produkt viel oder wenig Laktose enthält.

Reife Käsesorten wie Gouda, Gruyère und Cheddar, aber auch Camembert und Brie enthalten nur Spuren von Laktose. Ungeeignet bei Überempfindlichkeit sind Sorten, die Molke enthalten, beispielsweise Ricotta, körniger Frischkäse und Quark. Wenn ein Käse sehr feucht aussieht, oder wenn geringe Mengen Flüssigkeit austreten, ist es sehr wahrscheinlich, dass er Molke enthält.

Joghurt

Joghurt wird in vielen Ländern Asiens konsumiert, obwohl dort die meisten Menschen an Laktoseintoleranz leiden. In Indien beispielsweise schätzt man Raitas und Getränke mit Joghurt und verwendet ihn auch für gekochte Speisen. Es gibt verschiedene Erklärungsansätze dafür, warum Menschen mit geringer Laktaseproduktion Sauermilchprodukte besser vertragen als Milch. Möglicherweise liegt es an den lebenden Kulturen im Joghurt oder anderen Enzymen, die auf den Milchzucker einwirken. Möglich ist auch, dass Joghurt wegen seiner dicklichen Konsistenz langsamer durch den Darm transportiert wird und dadurch die Laktosekonzentration geringer ist. Tatsächlich vertragen Menschen, die mit Milch und anderen Milchprodukten Probleme haben, Joghurt oft besser oder gar problemlos. Letztlich muss aber jeder Betroffene selbst prüfen, was ihm gut bekommt und was nicht.

SELBST GEMACHT

JOGHURT

Joghurt herstellen

Als ich mit diesem Buch anfing, hatte ich noch nie Joghurt selbst gemacht. Warum auch, wenn man ihn überall in guter Qualität kaufen kann? Bei den ersten Versuchen war ich noch skeptisch, zumal in vielen Rezepten empfohlen wurde, H-Milch und Magermilchpulver zu verwenden. Also beschloss ich, entweder ein narrensicheres Rezept für einen Joghurt zu entwickeln, der besser schmeckt als gekaufter, oder die Sache sein zu lassen.

Als mir schließlich ein Joghurt gelang, der sich mit jedem Produkt aus dem Kühlregal messen konnte, war ich ziemlich stolz. Und das Grundrezept ist nur der Anfang. Es lässt sich vielfach abwandeln: mit Erdbeeren und Himbeeren, mit würziger Melasse, mit Äpfeln und Rosinen. Oder wie wäre es mit Joghurt nach griechischer Art, französischem *fromage frais* und Quark? Lesen Sie weiter, Sie werden sehen!

Hilfsmittel erlaubt

Viele Grundrezepte für Joghurt beginnen mit der tröstlichen Behauptung »Sie brauchen kein Joghurtgerät«. Das mag wohl sein, aber andererseits ist Joghurt ein Sensibelchen. Natürlich kann man ihn in einen Wärmeschrank stellen oder mit einer Thermosflasche experimentieren. Aber wer hat schon einen Wärmeschrank? Es gibt zwar Thermosflaschen, die den Inhalt eine ganze Nacht lang auf gleicher Temperatur halten, aber andere beginnen abzukühlen, sobald man sie zugeschraubt hat. Joghurtbakterien brauchen aber eine bestimmte Temperatur, und zwar über mehrere Stunden.

Vielleicht finden Sie es etwas merkwürdig, für ein so einfaches Produkt ein besonderes elektrisches Gerät zu kaufen. Andererseits besitzt fast jeder einen Wasserkocher, obwohl ein Kochtopf zum Aufkochen von Wasser durchaus genügen würde. Ja, die Joghurtherstellung ist einfach. Aber sie gelingt nur, wenn über einen längeren Zeitraum eine gleichmäßige Temperatur gewährleistet ist. Und da ein Joghurtbereiter nicht mehr kostet als ein Wasserkocher (eher weniger) und nicht mehr Platz einnimmt als eine Auflaufform, rate ich zur Anschaffung. Weil der Joghurt für viele Rezept abtropfen muss oder mit Geschmackszutaten gemischt wird, ist ein Gerät mit einem größeren Behälter praktischer als eins mit mehreren kleinen.

Timing

Wenn sie nachts sieben Stunden Schlaf oder weniger brauchen, können Sie den Joghurt abends ansetzen, am nächsten Morgen kalt stellen und mittags servieren. Wer (wie ich) lieber länger schläft, sollte den Joghurt tagsüber zubereiten und über Nacht kalt stellen.

Kulturen

Jeder handelsübliche Joghurt mit lebenden Kulturen kann als Starter verwendet werden. Kaufen Sie ein Produkt, das Ihnen geschmacklich zusagt, sodass Ihr eigenes ähnlich ausfällt. Ich liebe echten griechischen Joghurt und habe sowohl mit sehr fettem als auch mit magerem gute Erfahrungen gemacht. Gut geeignet ist auch ein Bionaturjoghurt. (Mehr über Joghurtkulturen auf Seite 34).

Milch

Mit Vollmilch und fettarmer Milch wird der Joghurt schön cremig. Magermilch eignet sich besser für Quark, der abtropfen muss (siehe Seite 46). Wenn Sie Joghurt nach griechischer Art herstellen, fällt zusätzlich Molke an, etwa die gleiche Menge wie Joghurt, und der Joghurt hat den doppelten Fettgehalt der Ausgangsmilch.

*Joghurt aus Vollmilch (3,5–3,8 % Fett) hat also 7–8 % Fett, Joghurt aus fettarmer Milch (1,5 % Fett) hat rund 3 % Fett und Joghurt aus Magermilch hat keinen nennenswerten Fettgehalt.

JOGHURT – GRUNDREZEPT

Ergibt etwa 700 g

900 ml Vollmilch (siehe unten)*
2 Teelöffel Naturjoghurt mit lebenden Kulturen

1. Die Milch in einem mittleren bis großen Topf bis an den Siedepunkt erhitzen (in einem kleinen Topf brennt sie leichter an). Die Oberfläche soll zittern, kleine Bläschen zeigen und eventuell eine Haut bilden.

2. In eine große Schüssel gießen und auf 48 °C abkühlen lassen. Ich verwende zur Kontrolle ein Zuckerthermometer. Der Abkühlprozess dauert 20–30 Minuten, lässt sich aber beschleunigen, indem Sie die Milch in eine andere Schüssel umfüllen. Falls sich eine Haut gebildet hat, die Milch durch ein Sieb gießen.

3. Etwa 5 Minuten bevor die Zieltemperatur erreicht ist, den Joghurtbereiter einschalten. Den Joghurt in die innere Schüssel geben, einen Becher warme Milch zugeben und gründlich verrühren. Dann die restliche Milch zufügen und nochmals verrühren. Die Schüssel ins Gerät setzen.

4. Den inneren und den äußeren Deckel aufsetzen, dann 6 Stunden ruhen lassen. Ich mag Joghurt gern cremig, aber mild. Wenn Sie ihn säuerlicher lieben, lassen Sie ihn einige Stunden länger ruhen. Nach der Ruhezeit ist der Joghurt fest und auf der Oberfläche hat sich Molke abgesetzt. Die innere Schüssel 30 Minuten abkühlen lassen, dann einige Stunden oder über Nacht in den Kühlschrank stellen.

5. Die Molke abgießen und den Joghurt durchrühren. Nun haben Sie einen klassischen, leicht körnigen Joghurt.

ENTHÄLT VITAMIN B_2, KALZIUM, PHOSPHOR, JOD
100 g enthalten: 331 kJ / 79 kcal | Fett: 3 g | davon gesättigte Fette: 1,9 g | Kohlenhydrate: 7,8 g | davon Zucker: 7,8 g | Eiweiß: 5,7 g | Salz: 0,1 g

JOGHURT NACH GRIECHISCHER ART

Ich habe eine Schwäche für griechischen Joghurt. Er ist so cremig, weil er eine Zeit lang abtropft. Säuerlicher Joghurt erinnert mich immer an saure Milch und an die Schulzeit, als die Milchkästen stundenlang im warmen Treppenhaus standen, bevor die Tüten ausgeteilt wurden. Joghurt schmeckt viel milder, wenn man die Molke abtropfen lässt. Gleichzeitig wird der Joghurt fetthaltiger, wenn ihm Flüssigkeit entzogen wird. Man kann ihn mit fettarmer Milch zubereiten, aber mit Vollmilch schmeckt er viel sahniger.

Ergibt etwa 350 g

700 g selbst gemachter Joghurt (nach dem oben stehenden Rezept)

1. Ein feines Sieb über eine große Schüssel hängen und mit zwei Lagen Küchenpapier auslegen. Den Joghurt ins Sieb füllen und locker mit Frischhaltefolie abdecken. Einen halben Tag zum Abtropfen in den Kühlschrank stellen. Danach haben Sie einen dicken, leicht körnigen Joghurt und in der Schüssel die gleiche Menge trüber Molke.

2. Den Joghurt in eine Schüssel stürzen, das Küchenpapier abziehen und den Joghurt mit einem Mixer durchrühren, bis er cremig ist. Pur genießen oder Geschmackszutaten zugeben (siehe Seite 45).

ENTHÄLT KALZIUM, PHOSPHOR, JOD
100 g enthalten: 557 kJ / 133 kcal | Fett: 10,2 g | davon gesättigte Fette: 6,8 g | Kohlenhydrate: 4,8 g | davon Zucker: 4,5 g | Eiweiß: 5,7 g | Salz: 0,1 g

JOGHURT MIT GESCHMACK

Für 350 g abgetropften Joghurt nach griechischer Art (siehe Grundrezept, Seite 43)

VANILLE

1 Teelöffel Vanilleextrakt
15 g hellbrauner Zucker

Die Zutaten mit dem Joghurt verrühren. 5–10 Minuten stehen lassen, damit sich der Zucker auflöst. Nochmals durchrühren, dann in Portionsschälchen füllen. Abdecken und kalt stellen.

ENTHÄLT KALZIUM, PHOSPHOR, JOD

100 g enthalten: 603 kJ / 144 kcal | Fett: 9,8 g | davon gesättigte Fette: 6,5 g | Kohlenhydrate: 8,5 g | davon Zucker: 8,2 g | Eiweiß: 5,4 g | Salz: 0,2 g

ERDBEEREN ODER HIMBEEREN

75 g geputzte, vollreife Erdbeeren oder Himbeeren
15 g hellbrauner Zucker

Die Beeren in einer Schüssel mit dem Zucker grob zerdrücken. Mit dem Joghurt verrühren. 5–10 Minuten stehen lassen, damit sich der Zucker auflöst. Nochmals durchrühren, dann in Portionsschälchen füllen. Abdecken und kalt stellen.

ENTHÄLT KALZIUM, VITAMIN C, PHOSPHOR, JOD

100 g enthalten: 519 kJ / 124 kcal | Fett: 8,1 g | davon gesättigte Fette: 5,4 g | Kohlenhydrate: 8 g | davon Zucker: 7,8 g | Eiweiß: 4,6 g | Salz: 0,1 g

MELASSE UND GEWÜRZE

½ Teelöffel Rohmelasse, ersatzweise Zuckerrübensirup
15 g hellbrauner Zucker
⅓ Teelöffel gemahlener Ingwer oder Zimt

Alle Zutaten mit dem Joghurt verrühren. 5–10 Minuten stehen lassen, damit sich der Zucker auflöst. Nochmals durchrühren, dann in Portionsschälchen füllen. Abdecken und kalt stellen.

ENTHÄLT KALZIUM, PHOSPHOR, JOD

100 g enthalten: 606 kJ / 145 kcal | Fett: 9,7 g | davon gesättigte Fette: 6,4 g | Kohlenhydrate: 9,2 g | davon Zucker: 8,8 g | Eiweiß: 5,4 g | Salz: 0,2 g

APFEL UND GOJIBEEREN ODER ROSINEN

1 Apfel, geschält und grob gerieben
15 g getrocknete Gojibeeren oder Rosinen
1 großzügiger Esslöffel klarer Honig
geröstete Mandeln oder gehackte Haselnüsse, zum Servieren (nach Belieben)

Apfel und Gojibeeren oder Rosinen in den Joghurt geben. Mit Honig beträufeln und nur grob unterheben. Nach Belieben mit gehackten Nüssen bestreuen.

ENTHÄLT KALZIUM, PHOSPHOR, JOD

100 g enthalten: 569 kJ / 136 kcal | Fett: 7,8 g | davon gesättigte Fette: 5,1 g | Kohlenhydrate: 12 g | davon Zucker: 11,7 g | Eiweiß: 4,4 g | Salz: 0,1 g

LABNEH

Ergibt etwa 275 g

350 g griechischen Joghurt (gekauft oder gemäß Grundrezept, siehe Seite 43) mit je 1 Esslöffel fein gehackter Minze, Schnittlauch und glatter Petersilie sowie ¼ Teelöffel Salz verrühren. In ein feines Sieb geben (eventuell mit einem sauberen Mulltuch ausgelegt), locker mit Frischhaltefolie abdecken und 24 Stunden zum Abtropfen kalt stellen. Entweder auf Brot streichen oder, wenn die Masse fest genug ist, mit den Händen kirschgroße Kugeln daraus rollen. In eine flache Schüssel legen und mit etwas gutem Olivenöl beträufeln. Köstlich zu getoastetem Sauerteigbrot, Bresaola und Brunnenkresse.

ENTHÄLT VITAMIN A, KALZIUM, PHOSPHOR, JOD
100 g enthalten: 540 kJ / 129 kcal | Fett: 9,9 g | davon gesättigte Fette: 6,5 g | Kohlenhydrate: 4,5 g | davon Zucker: 4,2 g | Eiweiß: 5,5 g | Salz: 0,5 g

QUARK

Ergibt etwa 300 g

Für ein Produkt, das Quark ähnelt, einen Magermilchjoghurt zubereiten (siehe Seite 43), 2 Stunden abtropfen lassen, dann mit dem Handmixer durchrühren. Zum Festwerden einige Stunden in den Kühlschrank stellen. Streng genommen ist dies ein Joghurt, weil er lebende Kulturen enthält. Er ist aber so fettarm und so proteinreich wie Quark.

ENTHÄLT VITAMIN B_2, B_{12}, KALZIUM, PHOSPHOR, FOLSÄURE
100 g enthalten: 310 kJ / 74 kcal | Fett: 0 g | Kohlenhydrate: 4 g | davon Zucker: 4 g | Eiweiß: 14,6 g | Salz: 0,1 g

FRISCHKÄSE

Ergibt etwa 225 g

Für einen köstlichen Frischkäse ohne Salz, der leichter ist als jeder gekaufte, zuerst Vollmilchjoghurt herstellen (siehe Seite 43), dann wie beim Joghurt nach griechischer Art fortfahren. Danach nochmals 24 Stunden abtropfen lassen.

REICH AN VITAMIN A
100 g enthalten: 1838 kJ / 439 kcal | Fett: 47,4 g | davon gesättigte Fette: 29,7 g | Kohlenhydrate: 0 g | Eiweiß: 3,1 g | Salz: 0,7 g

FROMAGE FRAIS

Die französische Frischkäsevariante mag ich besonders gern. Selbst die fettarme Sorte ist wunderbar cremig, und man kann ihn problemlos selbst machen.

Ergibt etwa 250 g

900 ml Vollmilch
2 Teelöffel französischen Fromage frais

1. Gehen Sie vor wie beim Grundrezept für Joghurt auf Seite 43. Sie können Magermilch, fettarme oder Vollmilch verwenden, die Reifungszeit beträgt aber 12 Stunden.

2. Den Frischkäse nach der Wärme-/Reifephase 2 Stunden kalt stellen, dann 2 Stunden abtropfen lassen. Danach jedoch nicht im Mixer weiterverarbeiten, sondern den Frischkäse in eine mittelgroße Schüssel geben und mit einem Schneebesen cremig rühren.

ENTHÄLT VITAMIN B_{12}, PHOSPHOR
100 g enthalten: 473 kJ / 113 kcal | Fett: 8 g | davon gesättigte Fette: 5,5 g | Kohlenhydrate: 4,4 g | davon Zucker: 4,1 g | Eiweiß: 6,1 g | Salz: 0,1 g

AROMATISIERTE BUTTER

Die eine oder andere aromatisierte Butter sollte man immer im Kühlschrank haben. Jede hat ihren eigenen Wert, und man braucht davon viel weniger als von ungewürzter Butter. Hier kommen einige Serviervorschläge.

Die Butter rechtzeitig aus dem Kühlschrank nehmen, damit sie »butterweich« wird. Dann in einer kleinen Schüssel mit einem Löffel cremig rühren. Verwenden Sie für größere Mengen einen elektrischen Handmixer: Damit lässt sie sich wunderbar luftig aufschlagen.

SÜSSE BUTTER

*Auf warmem Toast, warmen Muffins oder Rosinenbrötchen
*Auf Pfannkuchen
*Auf gebackenem Pudding mit Nüssen und Trockenfrüchten
*Zum Sautieren von Birnen, Äpfeln, Pflaumen, Pfirsichen oder Feigen
*Für Bratäpfel
*Auf einer Scheibe Panettone
*Zu knusprigem Baguette und Sommerfrüchten

SCHOKO-NUSS BUTTER

50 g weiche Butter
20 g Zartbitterschokolade (ca. 70 % Kakaoanteil), fein geraspelt oder gehackt
20 g Paranüsse oder Haselnüsse, geröstet und fein gehackt

Die Butter in einer kleinen Schüssel cremig rühren, dann Schokolade und Nüsse unterrühren.

REICH AN VITAMIN A, E, B7, MANGAN | ENTHÄLT JOD
10 g enthalten: 289 kJ / 69 kcal | Fett: 6,8 g | davon gesättigte Fette: 3,6 g | Kohlenhydrate: 1,4 g | davon Zucker: 1,3 g | Eiweiß: 0,5 g | Spuren von Salz

HONIGBUTTER

50 g weiche Butter
2 Teelöffel cremiger Honig

Die Butter in einer kleinen Schüssel cremig rühren, den Honig streifig unterziehen.

REICH AN VITAMIN A | ENTHÄLT JOD
10 g enthalten: 293 kJ / 70 kcal | Fett: 6,9 g | davon gesättigte Fette: 4,3 g | Kohlenhydrate: 2 g | davon Zucker: 2 g | Eiweiß: 0,1 g | Spuren von Salz

INGWERBUTTER

50 g weiche Butter
2 Teelöffel frisch gehackte Ingwerwurzel
¼ Teelöffel gemahlener Ingwer

Die Butter in einer kleinen Schüssel cremig rühren, dann beide Ingwersorten untermischen.

REICH AN VITAMIN A | ENTHÄLT VITAMIN D, JOD
10 g enthalten: 398 kJ / 95 kcal | Fett: 6,9 g | davon gesättigte Fette: 4,3 g | Kohlenhydrate: 0,3 g | davon Zucker: 0,1 g | Eiweiß: 0,1 g | Spuren von Salz

VANILLE-ZIMT-BUTTER

50 g weiche Butter
1½ Teelöffel Vanilleextrakt
¼ Teelöffel gemahlener Zimt
1 Teelöffel Ahornsirup oder Agavendicksaft

Butter, Vanilleextrakt und Zimt cremig rühren, dann den Sirup streifig unterziehen.

REICH AN VITAMIN A | ENTHÄLT VITAMIN D, JOD
10 g enthalten: 276 kJ / 66 kcal | Fett: 6,9 g | davon gesättigte Fette: 4,3 g | Kohlenhydrate: 0,9 g | davon Zucker: 0,8 g | Eiweiß: 0,1 g | Spuren von Salz

Links: Panettone mit Schoko-Nuss-Butter

HERZHAFTE BUTTER

*Zu gedünstetem Blattgemüse

*Mit etwas Olivenöl zum Braten von Pilzen, Zucchini, Spargel, Porree, Paprika oder Brokkoli

*Auf Gemüsesuppe: einen Teelöffel pro Portion

*Vor dem Braten auf oder unter die Haut von Hähnchen streichen

*Auf Croûtons zum Aperitif streichen

*Zum Verfeinern von Saucen mit Tomaten und anderem Gemüse

*Eine kleine Menge an Pastetenteig geben

*Vor dem Servieren auf Reis oder anderer Getreidebeilage schmelzen lassen

*In ein fertiges Risotto rühren

*Ein Omelett darin braten

TOMATEN-ROSENBLÜTEN-BUTTER

50 g weiche Butter

2 Teelöffel Paste aus sonnengetrockneten Tomaten

½ Teelöffel getrocknete Rosenblütenblätter, fein gehackt

Die Butter in einer kleinen Schüssel cremig rühren, Tomatenpaste und Blüten streifig unterziehen.

REICH AN VITAMIN A, E | ENTHÄLT VITAMIN D, JOD

10 g enthalten: 293 kJ / 70 kcal | Fett: 7,7 g | davon gesättigte Fette: 4,5 g | Kohlenhydrate: 0,1 g | davon Zucker: 0,1 g | Eiweiß: 0,1 g | Spuren von Salz

MISOBUTTER

50 g weiche Butter

20 g Misopaste

Die Butter in einer kleinen Schüssel cremig rühren, dann die Misopaste streifig unterziehen.

REICH AN VITAMIN A | ENTHÄLT JOD

10 g enthalten: 247 kJ / 59 kcal | Fett: 6 g | davon gesättigte Fette: 3,7 g | Kohlenhydrate: 0,7 g | davon Zucker: Spuren | Eiweiß: 0,4 g | Salz: 0,3 g

ZITRONENBUTTER MIT PIMENT D'ESPELETTE

50 g weiche gesalzene Butter

¼ Teelöffel Piment d'Espelette oder Cayennepfeffer

1 Spritzer Zitronensaft

½ Teelöffel fein abgeriebene Biozitronenschale

Die Butter in einer kleinen Schüssel cremig rühren. Piment d'Espelette, Zitronensaft und -schale unterrühren.

REICH AN VITAMIN A | ENTHÄLT VITAMIN D, JOD

10 g enthalten: 264 kJ / 63 kcal | Fett: 6,9 g | davon gesättigte Fette: 4,3 g | Kohlenhydrate: 0,1 g | davon Zucker: 0,1 g | Eiweiß: 0,1 g | Spuren von Salz

ZA'ATAR-BUTTER

50 g weiche gesalzene Butter

1 gestrichener Teelöffel Za'atar

1 Spritzer Zitronensaft

Die Butter in einer kleinen Schüssel cremig rühren. Za'atar und Zitronensaft unterrühren.

REICH AN VITAMIN A | ENTHÄLT VITAMIN D, JOD

10 g enthalten: 264 kJ / 63 kcal | Fett: 6,9 g | davon gesättigte Fette: 4,3 g | Kohlenhydrate: 0,2 g | davon Zucker: 0,1 g | Eiweiß: 0,1 g | Spuren von Salz

Rechts: Tomaten-Rosenblüten-Butter auf einer Scheibe gedünstetem Romanesco

Oben links: Kräuter-Knoblauch-Brot Oben rechts: Sardellenbutter Unten links: Kräuter-Knoblauch-Butter Unten rechts Sardellentoast mit Cavolo Nero

KLASSISCHE MISCHUNGEN

KRÄUTER-KNOBLAUCH-BUTTER

50 g weiche gesalzene Butter, z. B. aus der Normandie oder der Bretagne
6 Esslöffel fein gehackte gemischte Kräuter (z. B. Petersilie, Schnittlauch, Kerbel, Koriander, Estragon)
1 Knoblauchzehe, abgezogen und zerdrückt

Die Butter in einer kleinen Schüssel cremig rühren. Kräuter und Knoblauch unterrühren.

REICH AN VITAMIN A, K, C | ENTHÄLT JOD
10 g enthalten: 193 kJ / 46 kcal | Fett: 4,9 g | davon gesättigte Fette: 3,1 g | Kohlenhydrate: 0,3 g | davon Zucker: 0,1 g | Eiweiß: 0,2 g | Spuren von Salz

KRÄUTERBUTTER

Wie Kräuter-Knoblauch-Butter, aber ohne Knoblauch.

KNOBLAUCH- ODER KRÄUTERBROT

1 kleines Baguette scheibenweise einschneiden, aber nicht ganz durchschneiden. Jede Scheibe von beiden Seiten mit Butterzubereitung bestreichen. Alternativ das Brot längs durchschneiden und beide Hälften bestreichen. Eventuell am Vortag vorbereiten, das Brot in Alufolie wickeln und im Kühlschrank aufbewahren.

15 Minuten bei 180 °C Umluft / 200 °C backen, dann die Folie öffnen und weitere 5 Minuten backen, damit das Baguette schön knusprig wird.

ENTHÄLT BALLASTSTOFFE
50 g enthalten: 653 kJ / 156 kcal | Fett: 3,3 g | davon gesättigte Fette: 1,7 g | Kohlenhydrate: 25,8 g | davon Zucker: 1,3 g | Eiweiß: 4,9 g | Salz: 0,8 g

SARDELLENBUTTER

Ähnlich wie Gentleman's Relish, aber milder. Großzügig auf heißes Toast streichen und schmelzen lassen oder kalt dünn auf Knäckebrot streichen.

75 g Sardellenfilets
100 g weiche Butter
je 1 großzügige Prise Muskatnuss, gemahlener Ingwer und gemahlener Zimt
einige Tropfen Tabasco

Alle Zutaten in einem Mixer glatt pürieren. Die lockere Creme kann sofort serviert werden. In einem verschlossenen Gefäß hält sie sich im Kühlschrank mindestens eine Woche.

REICH AN VITAMIN A, B_{12} | ENTHÄLT KALZIUM, PHOSPHOR
10 g enthalten: 218 kJ / 52 kcal | Fett: 5,3 g | davon gesättigte Fette: 3,1 g | Kohlenhydrate: 0 g | Eiweiß: 1,2 g | Salz: 0,5 g

LF SARDELLENTOAST MIT CAVOLO NERO

Für 6 Portionen

400 g Cavolo nero waschen, die Mittelrippe entfernen und die Blätter in Stücke schneiden. 3 Minuten in einem großen Topf mit Salzwasser blanchieren. Abgießen, etwas abkühlen lassen und gut ausdrücken. Mit 3 Esslöffeln nativem Olivenöl und 1 Esslöffel Zitronensaft mischen. Mit Meersalz und schwarzem Pfeffer abschmecken.

Dünne Scheiben Mehrkorntoast mit Sardellenbutter bestreichen und mit dem Cavolo nero belegen. Ein halbes Wachtelei (2½ Minuten gekocht, dann gepellt) oder gewürfeltes hartgekochtes Hühnerei darauf anrichten.

REICH AN VITAMIN A, K, C, B_{12} | ENTHÄLT FOLSÄURE, KALZIUM
1 Portion enthält: 1507 kJ / 360 kcal | Fett: 23,8 g | davon gesättigte Fette: 10,5 g | Kohlenhydrate: 23 g | davon Zucker: 2,6 g | Eiweiß: 11,3 g | Salz: 2,2 g

GESALZENE BUTTER

Im Grunde kann keine gesalzene Butter der *beurre au sel* bzw. *demi-sel* aus der Normandie das Wasser reichen. Ich hatte lange eine Aversion gegen gesalzene Butter, denn aus meiner Kindheit kannte ich nur Industrieware, die mit Kühlschiffen von der anderen Seite der Erde importiert wurde. Sie hatte eine merkwürdige Konsistenz und einen bitteren Nachgeschmack, weil sie in einer Lake aus chemisch behandeltem Salz eingelegt wurde – Welten entfernt von der mildgesäuerten Süßrahmbutter mit Meersalzkristallen, von der ich schon bei meinem ersten Besuch in Frankreich hingerissen war. Diese Butter bekommt ihren feinsäuerlichen Geschmack durch die Reifung mit Milchsäurekulturen. Heute habe ich immer ein Päckchen im Kühlschrank, um ein paar Flocken auf gedünstetem Brokkoli, Spargel oder Kartoffelpüree schmelzen zu lassen.

Die Hofmolkerei in der Normandie, in der ich gern einkaufe, hat einen kleinen Kühlraum, in dem mehrere Frauen die Butter kneten und formen. Für das Salzen ist in diesem Familienbetrieb aber ausschließlich *grand-père*, der Großvater, zuständig. Er erscheint, wenn die frische Butter dick auf der Arbeitsfläche ausgestrichen ist. Aus einem Bottich nimmt er dann ein paar Handvoll grobes Meersalz oder *sel gris* und streut es auf die Butter, als würde er Saat auf einem frisch gepflügten Acker verteilen.

Solche Butter können Sie mit jedem Salz Ihrer Wahl selbst machen. Ich verwende am liebsten Maldon-Meersalz, aber verwenden Sie ruhig Salz aus Ihrer Region. Hier kommen die Rezepte von *grand-père*. Lassen Sie sich beim Aufschlagen der Butter Zeit. Man braucht zwar nur kleine Mengen, aber die gesalzene Butter ist vielseitig verwendbar und hält sich wochenlang.

DEMI-SEL
235 g weiche Butter
15 g Maldon oder anderes grobes Meersalz

SEL
235 g weiche Butter
25 g Maldon oder anderes grobes Meersalz

Die Butter in einer großen Schüssel mit einem elektrischen Handmixer etwa 2 Minuten hell und schaumig aufschlagen. Das Meersalz mit den Fingern darüber streuen, dann mit einem Kochlöffel gleichmäßig unterrühren. Die Butter zu einem Block oder einer Rolle formen und in Backpapier einwickeln.

DEMI-SEL
REICH AN VITAMIN A | ENTHÄLT VITAMIN D, E, JOD
10 g enthalten: 293 kJ / 70 kcal | Fett: 7,7 g | davon gesättigte Fette: 4,9 g | Kohlenhydrate: 0 g | Eiweiß: 0 g | Salz: 0,6 g

SEL
REICH AN VITAMIN A | ENTHÄLT VITAMIN D, B12, JOD
10 g enthalten: 281 KJ / 67 kcal | Fett: 7,4 g | davon gesättigte Fette: 4,7 g | Kohlenhydrate: 0 g | Eiweiß: 0 g | Salz: 1 g

Oben links: Getoastetes Brot mit gesalzener Butter **Oben rechts:** Französisches graues Meersalz und Maldon-Meersalz
Unten links: Salz wird über aufgeschlagener Butter verteilt. **Unten rechts:** Gesalzene Butter wird zu Rollen verarbeitet.

AUS DEM SUPPENTOPF

BRUNNENKRESSESUPPE MIT PISTAZIEN UND MISOBUTTER

In dem Örtchen Blainville-sur-Mer in der Normandie gibt es ein kleines, feines Restaurant namens Le Mascaret, das wir gern besuchen, wenn wir von den touristischen Cafés in den Seebädern genug haben. Brötchen und Butter gibt es fast überall vorneweg, aber hier werden sie zur Kunstform stilisiert. Geradezu zeremoniell wird ein Wagen von Tisch zu Tisch gerollt, auf dem in Töpfen und Tiegeln allerlei geheimnisvolle Mixturen stehen – von Honig über Lavendel und gehackten Nüsse bis zu verschiedenen Gewürzen. Dazu gibt es Körbe mit frisch gebackenem Brot und ein Holzfässchen mit frischer Butter. Zuerst wählt man die Aromaten. Diese werden mit einem Holzpaddel mit etwas Butter gemischt und auf ein warmes Brötchen gestrichen. Mich hat vor allem die Mischung aus würziger Misopaste mit der cremigen normannischen Butter begeistert.

Für 6 Portionen

1 Esslöffel natives Olivenöl extra
50 g weiche Butter
1 große Zwiebel, abgezogen und gehackt
1 Esslöffel fein gehackte Ingwerwurzel
100 g Pistazienkerne
1 Zucchini, geputzt, längs halbiert und in Scheiben geschnitten
150 ml Weißwein
750 ml Geflügelbrühe
Meersalz und schwarzer Pfeffer
150 g Kresse, grob gehackt
20 g Misopaste

Das Olivenöl mit 10 g Butter in einem großen Topf bei mittlerer Temperatur erhitzen. Zwiebel, Ingwer und Pistazien darin 5–7 Minuten unter häufigem Rühren anbraten, bis die Zwiebel Farbe annimmt. Die Zucchini zugeben und einige Minuten mitbraten, bis sie hellbraun wird und die Pistazien zu duften beginnen. Den Wein zugießen und köcheln, bis er größtenteils verdampft ist. Brühe und Gewürze zufügen, zum Kochen bringen und 5 Minuten köcheln. 1 Minute vor Ende der Garzeit die Kresse einrühren. Die Suppe im Mixer glatt pürieren.

Inzwischen die restliche Butter in einer kleinen Schüssel cremig rühren. Die Misopaste zugeben und streifig unterziehen. Die Suppe heiß servieren. Auf jede Portion 1 Teelöffel der Misobutter geben und schmelzen lassen.

REICH AN VITAMIN K

1 Portion enthält: 816 kJ / 195 kcal | Fett: 14,7 g | davon gesättigte Fette: 5,4 g | Kohlenhydrate: 5,7 g | davon Zucker: 3,6 g | Eiweiß: 4,7 g | Salz: 1,3 g

SÜSSKARTOFFELSUPPE MIT KREUZKÜMMEL UND FETAJOGHURT

Süßkartoffeln machen diese Suppe wunderbar sämig und geben ihr einen tollen Geschmack, der einen angenehmen Kontrast zu dem pikanten Feta bildet. Verwenden Sie für diese Suppe unbedingt Süßkartoffeln mit kräftig orangefarbigem Fleisch.

Für 6 Portionen

FÜR DIE SUPPE
3 Esslöffel natives Olivenöl extra
1 große Zwiebel, abgezogen und gehackt
4 Knoblauchzehen, abgezogen und fein gehackt
1 gehäufter Teelöffel gemahlener Kreuzkümmel
1 Prise Chiliflocken
1 kg Süßkartoffeln, geschält und in dicke Scheiben geschnitten
1,2 Liter Geflügel- oder Gemüsebrühe
Meersalz

ZUM SERVIEREN
75 g Feta, zerkrümelt
150 g fettarmer griechischer Joghurt
2 Esslöffel fein gehackte sonnengetrocknete Tomaten (nach Belieben)

Das Öl in einem großen Topf bei mittlerer Temperatur erhitzen und die Zwiebel darin einige Minuten unter gelegentlichem Rühren glasig dünsten. Knoblauch, Kreuzkümmel und Chiliflocken zugeben und 1 Minute mitdünsten. Die Süßkartoffeln zufügen und unter häufigem Rühren einige Minuten mitgaren. Die Brühe zugießen, mit Salz abschmecken und zum Kochen bringen. Bei schwacher Hitze 20 Minuten köcheln, bis die Süßkartoffeln sehr weich sind. Die Suppe portionsweise im Mixer pürieren. Wieder in den Topf geben, erhitzen und eventuell mit etwas Salz abschmecken.

Feta und Joghurt in einer Schüssel verrühren. Auf jede Portion Suppe etwas von der Mischung geben und nach Belieben mit 1 Teelöffel gehackten sonnengetrockneten Tomaten bestreuen.

REICH AN VITAMIN A
1 Portion enthält: 1273 kJ / 304 kcal | Fett: 11,9 g | davon gesättigte Fette: 3,2 g | Kohlenhydrate: 39,7 g | davon Zucker: 13,4 g | Eiweiß: 6,4 g | Salz: 1,5 g

BROKKOLISUPPE MIT KORIANDER UND TAHINI

Selbst gemachte Tahinicreme peppt jede Gemüsesuppe auf. Die sonnengetrockneten Tomaten und der aromatische Koriander sind interessante Ergänzungen zum Brokkoli.

Für 4 Portionen

FÜR DIE SUPPE

2 Esslöffel natives Olivenöl extra
4 Schalotten, abgezogen, halbiert und in Ringe geschnitten
1 knapper Teelöffel fein gehackter mittelscharfer Chili
3 Knoblauchzehen, abgezogen und fein gehackt
150 ml Weißwein
500 g kleine Brokkoliröschen
Meersalz
1 Liter Geflügelbrühe
2 große Handvoll Koriander, grob gehackt, plus einige Blättchen zum Bestreuen
2 Esslöffel Paste aus sonnengetrockneten Tomaten
frisch gemahlener Pfeffer

FÜR DIE TAHINICREME

25 g Tahini
25 g fettarmer griechischer Joghurt
1 Esslöffel Zitronensaft
1–3 Esslöffel Wasser

Das Olivenöl in einem großen Topf auf mittlerer Stufe erhitzen. Die Schalotten darin 7–8 Minuten unter häufigem Rühren goldbraun braten. Nach der Hälfte der Zeit den Chili zugeben, kurz vor dem Ende auch den Knoblauch. Den Wein zugießen und kochen, bis er fast verdampft ist. Brokkoli, etwas Salz und etwas Brühe zufügen und etwa 5 Minuten unter häufigem Rühren dünsten. Die restliche Brühe zugießen, zum Kochen bringen und 15 Minuten köcheln, bis der Brokkoli weich ist.

Inzwischen Tahini und Joghurt in einer kleinen Schüssel verrühren. Den Zitronensaft zugeben und nur so viel Wasser unterrühren, dass die Creme dickflüssig wird. Mit etwas Salz abschmecken. Die Creme kann auch vorbereitet werden.

Die Suppe mit Koriander und Tomatenpaste im Mixer glatt pürieren, dann mit Salz und Pfeffer abschmecken. Auf jede Portion einen Klecks Tahinicreme geben und etwas gehackten Koriander darüberstreuen.

*Falls Sie die Tahinicreme früher vorbereiten, kann sie wieder eindicken. Gegebenenfalls vor dem Servieren einfach etwas Wasser unterrühren.

REICH AN VITAMIN K, C

1 Portion enthält: 909 kJ / 217 kcal | Fett: 13,9 g | davon gesättigte Fette: 2 g | Kohlenhydrate: 5,2 g | davon Zucker: 4,1 g | Eiweiß: 8,7 g | Salz: 1,1 g

Links und **Mitte:** Brokkolisuppe mit Koriander und Tahini **Rechts:** Karottensuppe mit Haselnüssen und Thymian (Seite 62)

LF KAROTTENSUPPE MIT HASELNÜSSEN UND THYMIAN

Mit Karottensuppe ist es wie mit Bananenbrot oder Brownies: Man erfindet immer wieder neue Varianten und man kann gar nicht genug Rezepte dafür haben. Die Besonderheit an diesem Rezept sind die Haselnüsse, die der Suppe ein spezielles Aroma geben und sie besonders sämig machen. So köstlich kann ein bescheidenes Schälchen Suppe sein!

Für 4 Portionen

700 g Karotten, geputzt, geschält und in Scheiben geschnitten
1 Zwiebel, abgezogen und gehackt
125 ml Weißwein
40 g gesalzene Butter, in Würfeln, plus etwas mehr zum Servieren
1 Teelöffel Meersalz
1 Teelöffel Zucker
1 Prise Cayennepfeffer
50 g Haselnusskerne, geröstet und gehackt, plus etwas mehr zum Servieren
700 ml Geflügel- oder Gemüsebrühe
1 Teelöffel zarte Thymianblättchen, plus etwas mehr zum Servieren

Karotten und Zwiebel mit Wein, Butter, Salz, Zucker und Cayennepfeffer in einem Topf zum Kochen bringen, dann abgedeckt bei schwacher Hitze 8 Minuten köcheln. Durchrühren, die Temperatur erhöhen und ohne Deckel kochen, bis der Wein verdampft ist. Haselnüsse und Brühe zugeben, zum Kochen bringen und 5 Minuten köcheln. Die Suppe im Mixer glatt pürieren.

Die Suppe wieder in den Topf geben und bei Bedarf noch einmal durchwärmen. Den Thymian unterrühren. Auf jede Portion eine Butterflocke geben und mit einigen Thymianblättern und gehackten Haselnüssen bestreuen (siehe Foto Seite 60).

REICH AN VITAMIN A

1 Portion enthält: 1176 kJ / 281 kcal | Fett: 17,3 g | davon gesättigte Fette: 6,0 g | Kohlenhydrate: 18,5 g | davon Zucker: 16,1 g | Eiweiß: 4,2 g | Salz: 2,7 g

LF SELLERIESUPPE MIT APFEL UND GORGONZOLA

Die hellgrüne, cremige Suppe bekommt durch den säuerlichen Apfel und den salzigen Gorgonzola viel Charakter. Verwenden Sie ganz zarte Selleriestangen, damit Sie die Suppe nach dem Pürieren nicht noch durch ein Sieb passieren müssen.

Für 4 Portionen

15 g Butter
1 Esslöffel Rapsöl oder natives Olivenöl extra, plus etwas mehr zum Beträufeln
3 Stangen Lauch, geputzt und in Scheiben geschnitten
2 Bund Stangensellerie (nur die hellsten grünen Abschnitte und die Blätter), geputzt und in Scheiben geschnitten
Meersalz, schwarzer Pfeffer
3 Knoblauchzehen, abgezogen und fein gehackt
2 säuerliche Äpfel, geschält, geviertelt, Kerngehäuse entfernt, gewürfelt
800 ml Geflügel- oder Gemüsebrühe
40 g Gorgonzola piccante, fein zerkrümelt, zum Servieren

Butter und Öl in einem Topf bei mittlerer Temperatur erhitzen. Lauch und Sellerie zugeben, leicht salzen und pfeffern und 8–10 Minuten unter gelegentlichem Rühren glasig dünsten. Knoblauch und Äpfel zugeben und 4–5 Minuten mitdünsten, bis sie Farbe annehmen. Die Brühe zugießen, aufkochen und bei schwacher Hitze 15 Minuten köcheln. Die Suppe im Mixer pürieren und mit Salz und Pfeffer abschmecken. Zum Servieren mit Gorgonzola bestreuen und mit etwas Öl beträufeln.

1 Portion enthält: 724 kJ / 173 kcal | Fett: 10,4 g | davon gesättigte Fette: 4,5 g | Kohlenhydrate: 10,9 g | davon Zucker: 9,4 g | Eiweiß: 5,5 g | Salz: 1,7 g

KALTE GURKENSUPPE MIT HASELNÜSSEN UND JOGHURT

Diese Suppe nimmt Anleihen in der spanischen und der türkischen Küche. Die Zubereitung dauert nur zehn Minuten – ideal für Sommertage, wenn das Wetter viel zu schön ist, um lange am Herd zu stehen.

Es gibt verschiedene Gazpachorezepte mit gemahlenen Nüssen. Solche Suppen werden besonders schön sämig, wenn man sie vor dem Servieren einige Stunden in den Kühlschrank stellt, damit die Nüsse quellen können. Die Suppe kann also früher am Tag oder sogar am Vortag zubereitet werden, um einen entspannten Abend zu zweit zu genießen. Übrigens schmeckt sie auch mit griechischem Magerjoghurt ausgezeichnet.

Für 2 Portionen

30 g Haselnusskerne
1 Gurke, geputzt, geschält und in Stücke geschnitten
1 Handvoll Minzeblätter, fein gehackt, plus etwas mehr zum Servieren
1 Handvoll glatte Petersilienblätter
1 Knoblauchzehe, abgezogen und gehackt
1 Teelöffel fein gehackter, mittelscharfer Chili
2 dünne Frühlingszwiebeln, geputzt und in Röllchen geschnitten
200 g griechischer Joghurt, plus etwas mehr zum Servieren
2 Esslöffel natives Olivenöl extra
1 Esslöffel Zitronensaft
1 gestrichener Teelöffel Zucker
Meersalz
Granatapfelsirup, zum Servieren

Die Nüsse möglichst fein mahlen, beispielsweise in einer elektrischen Kaffeemühle. Mit allen übrigen Zutaten im Mixer glatt pürieren. Die Suppe kann sofort serviert werden. Sämiger wird sie, wenn man sie abgedeckt einige Stunden oder über Nacht in den Kühlschrank stellt.

Jede Portion mit einem Klecks Joghurt und etwas gehackter Minze garnieren und mit Granatapfelsirup beträufeln.

REICH AN VITAMIN K | ENTHÄLT VITAMIN E, C, MANGAN

1 Portion enthält: 1218 kJ / 291 kcal | Fett: 21,9 g | davon gesättigte Fette: 2,9 g | Kohlenhydrate: 13,1 g | davon Zucker: 11,8 g | Eiweiß: 9 g | Salz: 0,2 g

LF BLUMENKOHLSUPPE MIT HALLOUMI-CROÛTONS

Die gerösteten Halloumiwürfel schmecken viel interessanter als herkömmliche Croûtons aus altbackenem Brot. Dieser Käse ist optimal zum Braten und er passt einfach wunderbar zu Blumenkohl. Ich finde es sehr erfreulich, dass Mangold, der ebenfalls eine Hauptrolle in dieser Suppe spielt, inzwischen wieder häufiger in den Geschäften zu bekommen ist.

Für 6 Portionen

FÜR DIE SUPPE

25 g Butter
1 Zwiebel, abgezogen, halbiert und in Ringe geschnitten
3 Knoblauchzehen, abgezogen und fein gehackt
700 g kleine Blumenkohlröschen
1 große Handvoll glatte Petersilienblätter
1 Esslöffel Crème fraîche
Meersalz
frisch geriebene Muskatnuss

FÜR DAS MANGOLD-HALLOUMI-TOPPING

1½ Esslöffel natives Olivenöl extra
200 g junger Mangold*, die Stängel in 1 cm lange Stücke geschnitten, die Blätter grob gehackt
100 g Halloumi, in 1 cm dicke Würfel geschnitten
1 Spritzer Zitronensaft

Die Butter in einem großen Topf bei mittlerer Temperatur zerlassen. Zwiebel, Knoblauch und Blumenkohl darin kurz andünsten, dann 100 ml Wasser zugießen und unter gelegentlichem Rühren 8–10 Minuten kochen, bis das Wasser verdampft ist. Das Gemüse soll dabei nicht braun werden. 900 ml Wasser zugießen, zum Kochen bringen und abgedeckt bei schwacher Hitze 25 Minuten köcheln.

Die Suppe mit Petersilie, Crème fraîche und etwas Salz und Muskatnuss im Mixer glatt pürieren. Sie soll grün gesprenkelt aussehen.

Für das Topping 1 Esslöffel Öl in einer großen, beschichteten Pfanne bei mittlerer Temperatur erhitzen. Die Mangoldstiele darin unter häufigem Rühren einige Minuten braten, bis sie Farbe annehmen. Die Hälfte der Blätter zugeben. Wenn sie zusammengefallen sind, die restlichen Blätter zugeben und ebenfalls einige Minuten zusammenfallen lassen. In eine Schüssel geben. Das restliche Öl in die Pfanne geben und den Halloumi einige Minuten unter häufigem Rühren goldbraun braten. Mit etwas Zitronensaft beträufeln.

Falls nötig, die Suppe noch einmal durchwärmen und abschmecken. Auf jede Portion 1 Esslöffel Mangold geben und mit Halloumiwürfeln bestreuen.

*Die Mangoldstiele sollten nicht dicker als 1–1,5 cm sein. Besonders hübsch sieht Mangold mit bunten Stielen aus.

ENTHÄLT VITAMIN K, C, FOLSÄURE

1 Portion enthält: 784 kJ / 188 kcal | Fett: 12,7 g | davon gesättigte Fette: 6,5 g | Kohlenhydrate: 7 g | davon Zucker: 4,8 g | Eiweiß: 9,5 g | Salz: 0,3 g

KÜRBISSUPPE MIT CHILI UND KORIANDER

Diese pikante Suppe aus geröstetem Gemüse würde ohne den Klecks saure Sahne nicht halb so gut schmecken. Sie ist ganz einfach zuzubereiten, weil das Gemüse im Ofen gebräunt wird und dabei ein herrlich intensives Aroma bekommt.

Für 6 Portionen

FÜR DIE SUPPE

1,5 kg Butternusskürbis, Schale und Samen entfernt, Fruchtfleisch in Stücke geschnitten
2 große Zwiebeln, abgezogen, halbiert und in Ringe geschnitten
4 Strauchtomaten, halbiert
1 mittelscharfer Chili (5–7 cm lang)
4 Esslöffel natives Olivenöl extra
Meersalz
900 ml Geflügel- oder Gemüsebrühe

ZUM SERVIEREN

2 Esslöffel saure Sahne
grob gehackter Koriander
eingelegte Piri Piris oder Jalapeños (nach Belieben)

Den Backofen auf 220°C (200°C Umluft) vorheizen. Kürbis, Zwiebeln und Tomaten einlagig auf zwei große Bräter verteilen, in einen auch den Chili geben. Mit dem Öl beträufeln und mit etwas Salz würzen. 55 Minuten im Ofen garen, nach der Hälfte der Zeit wenden.

Aus dem Ofen nehmen. Sehr dunkle Zwiebelstücke entfernen. Den Chili ausschaben, die Samen werden nicht verwendet. Das Gemüse mit der Brühe portionsweise im Mixer pürieren, dann durch ein Sieb in einen Topf passieren.

Vorsichtig erhitzen. Zum Servieren jede Portion mit einem Klecks saurer Sahne, gehacktem Koriander und eventuell eingelegten Chilis garnieren.

REICH AN VITAMIN A | ENTHÄLT VITAMIN C

1 Portion enthält: 1034 kJ / 248 kcal | Fett: 11,2 g | davon gesättigte Fette: 3 g | Kohlenhydrate: 28,2 g | davon Zucker: 17,3 g | Eiweiß: 4,9 g | Salz: 0,8 g

WÜRZIGE LINSENSUPPE MIT GURKEN-RAITA

Gurken-Raita ist eine erfrischende Ergänzung zur Linsensuppe. Garam masala ist eine ausgewogene, pikante Gewürzmischung, aber nicht so scharf wie die meisten Currys. Die Linsensuppe sättigt gut, die Mengen sind entsprechend großzügig bemessen. Rechnen Sie damit, dass nachgenommen wird.

Für 8 Personen

FÜR DIE SUPPE
4 Esslöffel Erdnuss- oder Pflanzenöl
2 Stangen Lauch, geputzt und in Scheiben geschnitten
4 Karotten, geputzt, geschält und in Scheiben geschnitten
1 Bund Stangensellerie, geputzt und in Scheiben geschnitten
1 gehäufter Teelöffel Garam masala
4 Knoblauchzehen, abgezogen und fein gehackt
500 g rote Linsen, abgespült
3 Esslöffel Zitronen- oder Limettensaft
2 Liter Geflügel- oder Gemüsebrühe
Meersalz

FÜR DIE GURKEN-RAITA
½ Gurke, geputzt, geschält, längs geviertelt und in dünne Scheiben geschnitten
125 g griechischer Joghurt
1 kräftige Prise Zucker
gemahlener Kreuzkümmel, zum Bestäuben

Das Öl in einem großen Topf bei mittlerer Temperatur erhitzen. Lauch, Karotten und Sellerie darin 10 Minuten unter häufigem Rühren anbraten, bis sie Farbe annehmen. Garam masala und Knoblauch zugeben und einige Minuten mitgaren. Linsen und Zitronen- oder Limettensaft einrühren, dann die Brühe zugießen und salzen.

Zum Kochen bringen, aufsteigenden Schaum abschöpfen und weitere 10 Minuten köcheln, bis die Linsen gar sind. Portionsweise im Mixer pürieren, dann abschmecken.

Inzwischen die Gurke in einer Schüssel großzügig mit Salz bestreuen. Mischen und 30 Minuten beiseitestellen. Danach die Gurkenscheiben in ein Sieb geben, mit klarem Wasser abspülen und mit Küchenpapier abtrocknen.

Joghurt, Zucker und etwas Salz in einer Schüssel verrühren. Die Gurke unterheben. Zum Servieren auf jede Portion Suppe einen Klecks Raita geben und mit Kreuzkümmel bestreuen.

ENTHÄLT VITAMIN A
1 Portion enthält: 1298 kJ / 310 kcal | Fett: 8,4 g | davon gesättigte Fette: 2,3 g | Kohlenhydrate: 38,5 g | davon Zucker: 5,5 g | Eiweiß: 17 g | Salz: 0,7 g

PILZSUPPE MIT DINKEL, PESTO UND JOGHURT

Am besten schmeckt diese Suppe, wenn man kurz vor dem Servieren einen Löffel gegarte Dinkelkörner unterrührt. Alternativ können Sie aber auch anderes Getreide verwenden. Wenn Sie eine größere Portion Dinkel kochen, kann der Rest dem Müsli oder der Getreidebeilage (Reis, Bulgur o. Ä.) am nächsten Tag beigegeben werden. Zur Not einfrieren.

Für 6 Portionen

FÜR DIE SUPPE

15 g getrocknete Steinpilze
150 ml kochend heißes Wasser
2 Esslöffel natives Olivenöl extra
25 g Butter
1 Zwiebel, abgezogen und gehackt
3 Knoblauchzehen, abgezogen und fein gehackt
700 g kleine Champignons, geputzt und in Scheiben geschnitten
Meersalz, schwarzer Pfeffer
100 ml Sherry medium
800 ml Geflügelbrühe
6 Esslöffel gekochter Dinkel

ZUM SERVIEREN

1 gehäufter Esslöffel Pesto
2 Esslöffel griechischer Joghurt

Die getrockneten Pilze in einer kleinen Schüssel mit dem heißen Wasser übergießen und 15 Minuten einweichen. Olivenöl und Butter in einem großen Topf bei mittlerer Temperatur erhitzen. Die Zwiebel darin 4 Minuten unter häufigem Rühren glasig dünsten. Den Knoblauch zugeben und 1 Minute mitdünsten. Die Champignons zugeben, großzügig mit Salz und Pfeffer würzen und 5 Minuten mitdünsten, bis sie weich sind und Saft austritt. Zwischendurch umrühren. Den Sherry zugießen und auf die Hälfte einkochen.

Die eingeweichten Pilze in Streifen schneiden und mit der Einweichflüssigkeit in den Topf geben. Die Brühe zugießen. Zum Kochen bringen, dann abgedeckt bei schwacher Hitze 15 Minuten köcheln. Die Suppe portionsweise pürieren und wieder in den Topf geben. Den Dinkel einrühren und alles gut durchwärmen. Zum Servieren auf jede Portion Suppe etwas Pesto und einen Klecks Joghurt geben.

1 Portion enthält: 838 kJ / 201 kcal | Fett: 10,9 g | davon gesättigte Fette: 3,9 g | Kohlenhydrate: 11,2 g | davon Zucker: 3,9 g | Eiweiß: 8,3 g | Salz: 0,8 g

ROTE-BETE-SUPPE MIT BUTTER UND DILL

Die Farbe dieser Suppe erinnert an einen dramatischen Sonnenuntergang über dem Meer. Wer davon nicht begeistert ist, muss schon ein echter Miesepeter sein. Die Suppe duftet herrlich und hat einen süßlichen Geschmack mit feiner Butternote. Die Crème fraîche können Sie weglassen, aber ich finde so einen cremeweißen Schnörkel in der dunkelroten Suppe ausgesprochen hübsch.

Für 6 Portionen

FÜR DIE SUPPE

600 g Karotten, geputzt, geschält und in dicke Scheiben geschnitten
600 g Rote Beten, geputzt, geschält, geviertelt und in dicke Scheiben geschnitten
2 Schalotten, abgezogen, halbiert und in Ringe geschnitten
200 ml Cidre brut
50 g Butter
Meersalz, schwarzer Pfeffer
1 Liter Geflügel- oder Gemüsebrühe

ZUM SERVIEREN

2 Esslöffel Crème fraîche
Dillspitzen

Karotten und Rote Beten mit Schalotten, Cidre, Butter und etwas Salz in einen großen Topf geben. Aufkochen, umrühren und abgedeckt bei mittlerer Temperatur 8 Minuten köcheln. Nochmals umrühren. Die Hitze erhöhen und das Gemüse ohne Deckel 8–12 Minuten kochen, bis die Flüssigkeit verdampft ist und das Gemüse glänzt. Die Brühe zugießen und zum Kochen bringen. 15 Minuten köcheln, bis das Gemüse sehr weich ist.

Die Suppe portionsweise im Mixer pürieren. Zum Servieren auf jede Portion Suppe einen Klecks Crème fraîche geben. Mit Dillspitzen und schwarzem Pfeffer aus der Mühle bestreuen.

REICH AN VITAMIN A | ENTHÄLT FOLSÄURE

1 Portion enthält: 921 kJ / 220 kcal | Fett: 13,5 g | davon gesättigte Fette: 8,5 g | Kohlenhydrate: 16,4 g | davon Zucker: 15,1 g | Eiweiß: 3,1 g | Salz: 1,1 g

LEICHTE KLEINIGKEITEN: DIPS, PASTETEN & SNACKS

ROGGENBROT MIT WALNÜSSEN

Vollkornbrot mit Walnüssen schmeckt großartig zu Käse. Da man es selten kaufen kann, lohnt es sich, selbst Hand anzulegen. Buttermilch sorgt zusammen mit Natron dafür, dass der Teig schön luftig aufgeht und einen leicht säuerlichen Geschmack bekommt. Der Teig ist in zehn Minuten fertig und muss im Gegensatz zu Hefeteig nicht ruhen. Im Gegenteil, es bekommt ihm sogar gut, wenn die Zutaten nicht allzu gründlich vermengt werden. Das Brot schmeckt lauwarm oder gerade abgekühlt mit kräftigem Cheddar und einem würzigen Chutney – oder zu den Dips und Pasteten aus diesem Kapitel.

Für einen 600-g-Laib

Butter, zum Fetten der Form
120 g Vollkornroggenmehl, plus etwas mehr zum Kneten und zum Bestäuben der Form
120 g Weizenmehl, Type 405
60 g Walnusskerne, grob gehackt
3/4 Teelöffel Meersalz
3/4 Teelöffel Natron
1 Freilandei (Größe M)
300 ml Buttermilch

Den Backofen auf 210 °C (190 °C Umluft) vorheizen. Eine kleine, beschichtete Kastenform (1,1 l) mit Butter fetten und mit Vollkornmehl ausstreuen. Beide Mehlsorten, Nüsse, Salz und Natron in einer großen Schüssel mischen. Ei und Buttermilch in einem Becher verquirlen, zu den trockenen Zutaten gießen und alles mit einem Kochlöffel grob verrühren. Den Teig mit den Händen zu einer Kugel formen. Er darf recht klebrig sein. Eine Handvoll Mehl über den Teig streuen und ihn einige Male darin wälzen, damit er eine glatte Oberfläche bekommt. Nicht kneten!

Den Teig in die Form legen und in der Mitte 1 cm tief einritzen. Mit etwas Vollkornmehl bestreuen und 30–35 Minuten backen, bis das Brot aufgegangen und goldbraun ist. Mit einem Messer um den Formrand fahren und das Brot aus der Form stürzen. Gegen den Boden klopfen: Das Brot ist gar, wenn es hohl klingt. Auf einem Küchengitter abkühlen lassen. Es hält sich mehrere Tage. Zum Aufwärmen in Alufolie wickeln und 15 Minuten bei 180 °C (160 °C Umluft) in den Ofen schieben.

ENTHÄLT VITAMIN D, B1, BALLASTSTOFFE, FOLSÄURE, PHOSPHOR, MANGAN
1 Scheibe à 25 g enthält: 251 kJ / 60 kcal | Fett: 2,2 g | davon gesättigte Fette: 0,4 g | Kohlenhydrate: 7,6 g | davon Zucker: 0,7 g | Eiweiß: 1,9 g | Salz: 0,2 g

LF CROÛTONS

Köstlich zu allen Dips und Pasteten in diesem Kapitel.

Ergibt 18 Stück / Für 6 Portionen

1/2 kleines, altbackenes Baguette
natives Olivenöl extra, zum Bestreichen

Den Backofen auf 200 °C (180 °C Umluft) vorheizen. Das Baguette in 18 Scheiben (je 5 mm dick) schneiden. Nebeneinander auf ein Backblech legen und im Ofen 5 Minuten trocknen. Beide Seiten mit Olivenöl einpinseln, wieder in den Ofen schieben und 10–12 Minuten goldbraun backen. Eventuell einzeln herausnehmen, sobald sie Farbe annehmen. Auf einem Küchengitter abkühlen lassen. Die Croûtons können am Vortag zubereitet und in einem luftdicht schließenden Behälter aufbewahrt werden.

ENTHALTEN VITAMIN B1, BALLASTSTOFFE, MANGAN
1 Portion enthält: 456 kJ / 109 kcal | Fett: 2,5 g | davon gesättigte Fette: 0,4 g | Kohlenhydrate: 17,8 g | davon Zucker: 0,9 g | Eiweiß: 3,3 g | Salz: 0,5 g

DIPS

RÄUCHERLACHSPASTETE MIT ZITRONE UND QUARK

Diese seidenweiche Pastete kann man nicht fertig kaufen. Sie ist reich an Proteinen und enthält außerdem Kalzium und Omega-3-Fettsäuren. Sie schmeckt auf Toast, aber auch auf frischen Gurkenscheiben.

Für 6 Portionen

FÜR DIE PASTETE

150 g Räucherlachs, braune Stellen entfernt
½ Teelöffel fein geriebene Zitronenschale
1 Esslöffel Zitronensaft
150 g Quark (für selbst gemachten Quark siehe Seite 46)
1 gehäufter Esslöffel saure Sahne
einige Tropfen Tabasco
schwarzer Pfeffer

ZUM GARNIEREN

2 gehäufte Esslöffel feine Schnittlauchröllchen

Alle Zutaten für die Pastete im Mixer glatt pürieren. In eine flache Schale füllen und glatt streichen. Schnittlauchröllchen aufstreuen und leicht andrücken. Abdecken und bis zum Servieren in den Kühlschrank stellen.

REICH AN VITAMIN B_{12} | ENTHÄLT VITAMIN B_2, B_3, PHOSPHOR, SELEN

1 Portion enthält: 258 kJ / 62 kcal | Fett: 1,8 g | davon gesättigte Fette: 0,6 g | Kohlenhydrate: 1,2 g | davon Zucker: 1,2 g | Eiweiß: 10,2 g | Salz: 1,2 g

RÄUCHERMAKRELENPASTETE MIT MEERRETTICH

Räuchermakrele und Meerrettich sind eine unschlagbare Kombination. Da der Fisch recht viel Fett enthält, brauchen Sie nur wenig Butter. Cremig wird die Pastete durch Quark, der weniger Fett enthält als Frischkäse. Stellen Sie zum Dippen Karottensticks, Radieschen und Wachteleier bereit.

Für 6 Portionen

FÜR DIE PASTETE

30 g weiche Butter
100 g Quark
2 Teelöffel geriebener Meerrettich, frisch oder aus dem Glas
200 g geräucherte Makrelenfilets ohne Haut
2 Teelöffel Zitronensaft
schwarzer Pfeffer

ZUM GARNIEREN

1 Esslöffel kleine eingelegte Kapern, abgespült und auf Küchenpapier abgetropft
Cayennepfeffer, zum Bestäuben

Die Butter im Mixer sehr cremig rühren. Quark und Meerrettich zufügen und nochmals gründlich mixen. Die Makrele in Stücke schneiden und zugeben. Mixen, bis eine stückige Masse entsteht. Mit Zitronensaft und schwarzem Pfeffer abschmecken.

REICH AN VITAMIN D, B_3, B_{12}, SELEN, JOD | ENTHÄLT VITAMIN A, B_2, B_6, PHOSPHOR

1 Portion enthält: 720 kJ / 172 kcal | Fett: 14,6 g | davon gesättigte Fette: 4,7 g | Kohlenhydrate: 1,2 g | davon Zucker: 0,9 g | Eiweiß: 8,9 g | Salz: 0,9 g

Oben links: Hühnerleberpastete mit Portwein (Seite 77) Oben rechts: Räucherlachspastete mit Zitrone und Quark (Seite 75)
Unten links: Räuchermakrelenpastete mit Meerrettich (Seite 75) Unten rechts Roggenbrot mit Walnüssen (Seite 74)

HÜHNERLEBERPASTETE MIT PORTWEIN

Es gibt einen guten Grund, Pastete – oder wie der Franzose sagt: *pâté* – selbst herzustellen. Ein Blick auf die Zutatenliste gekaufter Produkte verrät, dass die meisten zu drei Vierteln aus Schweinefleisch bestehen, selbst wenn auf der Packung Enten- oder Kaninchen-Pâté steht. Bei selbst gemachter Pastete können Sie den Buttergehalt selbst bestimmen, denn viel Butter ist nicht unbedingt besser. In diesem Rezept spielt tatsächlich die Hähnchenleber die Hauptrolle!

Den Tipp, die Leber zu pochieren, statt sie zu braten, gab mir Oenone Acheson, die Tante einer Freundin. Ich kenne sie seit der Schulzeit, und sie ist nicht nur eine begnadete Künstlerin, sondern auch eine großartige Köchin. Sie erzählt, dass ihre Töchter sich immer diese Pastete wünschen, wenn sie aus Spanien zu Besuch kommen. Das Pochieren hat den Vorteil, dass die Küche sauber(er) bleibt, denn beim Braten der Leber spritzt es.

Für 6 Portionen

FÜR DIE PASTETE
400 g Hähnchenleber (von Freilandgeflügel) ohne Fett
75 g weiche Butter
1 Schalotte, abgezogen und fein gehackt
1 Knoblauchzehe, abgezogen und fein gehackt
1 gehäufter Esslöffel zarte Thymianblättchen
3 Esslöffel Portwein
1 Esslöffel saure Sahne
Meersalz, schwarzer Pfeffer
frisch geriebene Muskatnuss

ZUM GARNIEREN
einige Lorbeerblätter
rosa Pfefferbeeren oder grüne Pfefferkörner

Reichlich Wasser in einem mittelgroßen Topf zum Kochen bringen. Die Hähnchenleber darin 2 Minuten pochieren, dann in einem Sieb abtropfen lassen. Etwas Butter bei mittlerer Hitze in einer großen Pfanne zerlassen. Schalotte, Knoblauch und Thymian darin kurz andünsten, bis die Schalotte glasig wird. Den Portwein zugießen und kochen, bis er stark reduziert und sirupartig ist. Die Hähnchenleber zugeben und umrühren.

Den Inhalt der Pfanne mit der sauren Sahne im Mixer glatt pürieren. Kräftig mit Salz, Pfeffer und Muskatnuss würzen. 20 Minuten abkühlen lassen, dann die restliche Butter unterrühren. Die Masse durch ein Sieb in eine Schüssel streichen.

Die Pastete in eine flache Schale füllen, glatt streichen und mit Lorbeerblättern und Pfefferbeeren und -körnern belegen. Abdecken und kalt stellen.

REICH AN VITAMIN A, B_1, B_2, B_3, B_5, B_6, B_7, B_{12}, FOLSÄURE, EISEN | ENTHÄLT VITAMIN C, PHOSPHOR, ZINK, MANGAN
1 Portion enthält: 742 kJ / 177 kcal | Fett: 12,6 g | davon gesättigte Fette: 7,5 g | Kohlenhydrate: 1,6 g | davon Zucker: 1,1 g | Eiweiß: 12,2 g | Salz: 0,3 g

AMERIKANISCHER ROQUEFORT-DIP

Als Dressing auf einem Salat zu Gegrilltem ist dieser Dip so unwiderstehlich, dass man zweimal zugreift. Er ist ziemlich reichhaltig, aber der König der Blauschimmelkäsesorten schmeckt so intensiv, dass man nicht viel davon braucht. Der Dip eignet sich als Salatdressing – am besten mit knusprig gebratenen Baconstreifen, kann aber auch mit Zucchinichips oder rohem Gemüse (am besten Stangensellerie) zum Dippen gereicht werden.

Für 4 Portionen

50 g saure Sahne
30 g Mayonnaise
1 Teelöffel Zitronensaft
einige Tropfen Tabasco
75 g Roquefort, fein zerkrümelt, plus etwas mehr zum Servieren
2 Esslöffel Naturjoghurt
1 Esslöffel feine Schnittlauchröllchen, plus etwas mehr zum Servieren

Saure Sahne, Mayonnaise, Zitronensaft und Tabasco in einer kleinen Schüssel verrühren. In einer anderen Schüssel Roquefort und Joghurt vorsichtig mit einer Gabel zerdrücken und mischen. Der Käse soll noch etwas stückig bleiben. Mit den Schnittlauchröllchen zur Mayonnaisemischung geben und alles vermengen. In eine kleine Servierschüssel umfüllen, mit zerkrümeltem Roquefort und Schnittlauch bestreuen. Abdecken und kalt stellen. Der Dip hält sich einige Tage.

REICH AN KALZIUM | ENTHÄLT VITAMIN A, D, B_2, PHOSPHOR

1 Portion enthält: 713 kJ / 171 kcal | Fett: 15,8 g | davon gesättigte Fette: 6,8 g | Kohlenhydrate: 2 g | davon Zucker: 2 g | Eiweiß: 5,4 g | Salz: 0,9 g

LF AVOCADODIP MIT KORIANDER UND LIMETTE

Mal eine Abwechslung zu Guacamole, aber ebenso lecker, zum Beispiel als Dip zu ungeschälten Garnelen oder Grissini, als Beilage zu gegrilltem Hähnchen und Lammkoteletts oder auf Quesadillas (siehe Seite 101).

Für 6 Portionen

Fruchtfleisch von 2 Avocados
1 Esslöffel Limettensaft
1 große Handvoll Koriander, plus etwas mehr zum Servieren
einige Tropfen Tabasco
Meersalz
1 Prise Zucker
1 gehäufter Esslöffel saure Sahne
1 Esslöffel natives Olivenöl extra, plus etwas mehr zum Servieren

Alle Zutaten im Mixer cremig pürieren. In eine flache Schale füllen, glatt streichen, mit etwas Öl beträufeln und mit Koriander bestreuen. Bis zum Servieren abdecken und kalt stellen. Der Dip hält sich einen Tag, verfärbt sich aber an der Oberfläche, also lieber zeitnah genießen.

ENTHÄLT VITAMIN E, C, B_6, BALLASTSTOFFE, KALIUM

1 Portion enthält: 384 kJ / 92 kcal | Fett: 9,1 g | davon gesättigte Fette: 2,2 g | Kohlenhydrate: 1,2 g | davon Zucker: 0,7 g | Eiweiß: 0,7 g | Spuren von Salz

PAPRIKADIP MIT ZIEGENKÄSE UND MINZE

Dieser Dip ist eine Hommage an die marokkanische Küche. Am besten hat man im Sommer immer eine Schüssel davon auf Vorrat, falls Freunde spontan auf ein Glas oder zwei vorbeikommen. Prima zum Dippen oder als Aufstrich für Croûtons.

Für 6 Portionen

3 rote, gelbe oder orange Paprika
2 Esslöffel natives Olivenöl extra, plus etwas mehr zum Servieren
Meersalz, schwarzer Pfeffer
150 g Ziegenfrischkäse
75 g fettarmer Frischkäse
1 Spritzer Zitronensaft
2 gehäufte Teelöffel fein gehackte Frühlingszwiebel
1 gehäufter Esslöffel fein gehackte Minze
Cayennepfeffer, zum Bestäuben

Den Backofen auf 210 °C (190 °C Umluft) vorheizen. Die Paprika vierteln, entkernen und in einer Lage in einen Bräter legen. Mit dem Öl beträufeln und mit Salz und Pfeffer würzen.

50 Minuten im Ofen garen, dabei alle 20 Minuten wenden und verschieben, damit die Paprikastücke saftig bleiben und gleichmäßig bräunen. Abkühlen lassen.

Die Paprikastücke in 1 cm kleine Stücke schneiden. Ziegenfrischkäse und Frischkäse mit einem Spritzer Zitronensaft im Mixer verrühren. In eine mittelgroße Schüssel füllen. Paprikawürfel, Frühlingszwiebel und Minze unterrühren. Nach Belieben in kleine Portionsschüsseln umfüllen, mit etwas Öl beträufeln und mit Cayennepfeffer bestreuen.

REICH AN VITAMIN A, C | ENTHÄLT VITAMIN D, B6

1 Portion enthält: 615 kJ / 147 kcal | Fett: 10,5 g | davon gesättigte Fette: 5,1 g | Kohlenhydrate: 5,2 g | davon Zucker: 4,8 g | Eiweiß: 7,1 g | Salz: 0,4 g

RICOTTA IN GRÜN

Solche Dips habe ich fast immer im Kühlschrank. Ich serviere sie zu kaltem Braten, zu Spargel oder Sprossbrokkoli, aber auch zu rohem Gemüse, grünen Oliven und eingelegten grünen Chilis.

Für 4 Portionen

50 g Minze- und Basilikumblätter, plus einige kleine Blätter zum Servieren
3 dünne Frühlingszwiebeln, geputzt und grob in Stücke geschnitten
1 kleine oder ½ Knoblauchzehe, abgezogen und gehackt
2 Esslöffel natives Olivenöl extra, plus etwas mehr zum Servieren
Meersalz
250 g Ricotta
1 Esslöffel Zitronensaft

Kräuter, Frühlingszwiebeln und Knoblauch mit dem Olivenöl und etwas Salz im Mixer zu einer Paste verarbeiten. Den Ricotta zugeben und nochmals mixen. Zuletzt den Zitronensaft unterrühren. In eine Servierschüssel umfüllen, abdecken und kalt stellen.

Zum Servieren mit etwas Öl beträufeln und mit kleinen Kräuterblättchen bestreuen.

ENTHÄLT VITAMIN A, KALZIUM, PHOSPHOR

1 Portion enthält: 620 kJ / 148 kcal | Fett: 12,5 g | davon gesättigte Fette: 5,1 g | Kohlenhydrate: 2,3 g | davon Zucker: 1,5 g | Eiweiß: 6,5 g | Salz: 0,2 g

ZIEGENKÄSE-AMUSE-BOUCHES

Marinierter Ziegenkäse braucht Zeit. Dieses Rezept schmeckt ebenso gut, ist aber im Handumdrehen fertig und ungemein vielseitig. Es passt auf eine feine Vorspeisenplatte mit Parmaschinken oder Räucherlachs, kann aber auch zu einem großen Salat mit Rucola und getoastetem Sauerteigbrot als schnelles Mittagessen serviert werden. Und der Käse schmeckt prima zu gebackenem Gemüse.

Für 4 Portionen

300 g junger oder mittelalter Ziegenweichkäse
2 gehäufte Esslöffel fein gehackte glatte Petersilie
fein abgeriebene Schale von 1 Biozitrone
1 Knoblauchzehe, abgezogen und fein gehackt
6 Esslöffel natives Olivenöl extra

Den Ziegenkäse in 1–2 cm große Stücke zerbröseln und auf dem Boden einer flachen, kleinen Schale verteilen. Petersilie, Zitronenschale und Knoblauch in einer kleinen Schüssel mischen und über dem Käse verteilen. Zuletzt mit dem Öl beträufeln. Abdecken und bis zum Servieren kalt stellen. Der Käse hält sich einige Tage.

REICH AN VITAMIN A UND K | ENTHÄLT VITAMIN C, B_2, B_{12}, PHOSPHOR, JOD
1 Portion enthält: 1093 kJ / 261 kcal | Fett: 24 g | davon gesättigte Fette: 10,5 g | Kohlenhydrate: 0,7 g | davon Zucker: 0,6 g | Eiweiß: 10,5 g | Salz: 0,8 g

EIN HAUCH VON BOURSIN

Boursin ist ein handelsüblicher Kräuterkäse. Er schmeckt köstlich, schlägt aber mit 40 % Fett (70 % i.d.Tr.) zu Buche. Das folgende Rezept hat nur einen Bruchteil davon, kann sich in Geschmack und Konsistenz aber mit dem Original messen.

Kerbel ist ein zartes Kraut, das viel zu selten verwendet wird. Ersetzen Sie die Petersilie durch einen Teelöffel Kerbel, um der Käsemischung eine französische Note zu geben. Sie können auch eine streichfähige Butter verwenden, statt zu warten, dass normale Butter weich wird. Ganz perfekt wird die Mischung, wenn Sie auch den Frischkäse selbst zubereitet haben (siehe Seite 46).

Für 4 Portionen

300 g fettarmer Frischkäse (Grundrezept für 225 g auf Seite 46)
25 g weiche Butter
1 kleine Knoblauchzehe, abgezogen und zerdrückt
2 Teelöffel feine Schnittlauchröllchen
2 Teelöffel fein gehackte glatte Petersilie oder Kerbel
feines Meersalz
grob gemahlener schwarzer Pfeffer oder Paprikapulver, zum Servieren

Ein Sieb mit zwei Lagen Küchenpapier auslegen und über eine große Schüssel hängen. Den Frischkäse hineingeben, locker mit Frischhaltefolie abdecken und über Nacht im Kühlschrank abtropfen lassen.

Den abgetropften Frischkäse in eine mittelgroße Schüssel stürzen. Das Küchenpapier entfernen. Die Butter mit einem Holzkochlöffel unterrühren, dann die restlichen Zutaten untermischen. In eine kleine Servierschüssel füllen und mit etwas grob gemahlenem schwarzem Pfeffer oder Paprikapulver bestreuen. Abdecken und bis zum Servieren kalt stellen. Der Käse hält sich mehrere Tage.

ENTHÄLT VITAMIN A, K, B_2, B_{12}, KALZIUM, PHOSPHOR, JOD
1 Portion enthält: 1356 kJ / 324 kcal | Fett: 32 g | davon gesättigte Fette: 25 g | Kohlenhydrate: 1,6 g | davon Zucker: 1,6 g | Eiweiß: 5,6 g | Spuren von Salz

SNACKS

RETRO-HÄPPCHEN

Die etwas altmodischen Kleinigkeiten, die unsere Eltern zu Drinks servierten, sind wieder up to date. Manchego und eingelegter Chili schmecken großartig mit Honig, und ein Glas mit Peppadews habe ich eigentlich immer zur Hand.

Für 4 Portionen

KÄSE-CHILI-BISSEN

16 schmale Scheiben (120 g–150 g) Manchego oder Pecorino sardo auf vier Tellern verteilen. Auf jede einen kleinen eingelegten Chili legen. Soweit kann der Snack vorbereitet werden. Unmittelbar vor dem Servieren mit 1–2 Esslöffeln flüssigem Honig beträufeln.

REICH AN VITAMIN A, B_{12}, KALZIUM, PHOSPHOR | ENTHÄLT VITAMIN B_2, ZINK

1 Portion enthält: 620 kJ / 148 kcal | Fett: 11,2 g | davon gesättigte Fette: 6,2 g | Kohlenhydrate: 3,6 g | davon Zucker: 3,1 g | Eiweiß: 8,2 g | Salz: 1 g

Für 4 Portionen

PARTY-PEPPADEWS

120 g scharfe Peppadew-Paprika mit 120 g Ziegenfrischkäse füllen (am besten mit einem Espressolöffel). Mit Cayennepfeffer bestreuen und auf einem Bett aus Kresse anrichten.

REICH AN VITAMIN A UND C | ENTHÄLT PHOSPHOR

1 Portion enthält: 465 kJ / 111 kcal | Fett: 8 g | davon gesättigte Fette: 5,4 g | Kohlenhydrate: 2,7 g | davon Zucker: 2,4 g | Eiweiß: 6,7 g | Salz: 0,5 g

LF CHEESY BLINI MIT PICCALILLI

Russland meets England – eine spannende Begegnung.

Ergibt 16 Stück / 4 Portionen

ZUM ÜBERBACKEN

20 g altbackenes Weißbrot ohne Kruste
120 g Red Leicester oder anderer orangeroter Hartkäse, in Stücke geschnitten
15 g Butter
2 Esslöffel Schwarzbier
½ Teelöffel Dijonsenf
1 Teelöffel Worcestershiresauce
1 Freilandei (Größe M)

ZUM SERVIEREN

16 kleine Blini
Piccalilli oder Mixed Pickles, zum Servieren

Das Brot im Mixer fein zerkleinern. Die übrigen Zutaten zum Überbacken zugeben und alles zu einer Paste verarbeiten. Dick auf die Blini streichen. Bis hierher kann alles vorbereitet werden. Abgedeckt kalt stellen.

Damit die Masse auch innen flüssig wird, bei mittlerer Hitze 5–7 Minuten unter dem Grill überbacken (oder 5 Minuten bei schwacher Hitze, dann auf hoher Stufe kurz bräunen). In jedem Fall das leere Backblech unter dem Grill 5–10 Minuten vorheizen, damit die Unterseiten knusprig werden. Die Blini mit je ¼ Teelöffel Piccalilli toppen. Sofort servieren.

REICH AN VITAMIN A, B_{12}, KALZIUM, PHOSPHOR | ENTHÄLT VITAMIN B_2, ZINK, JOD

1 Blini enthält: 176 kJ / 42 kcal | Fett: 3,3 g | davon gesättigte Fette: 2,1 g | Kohlenhydrate: 0,7 g | davon Zucker: 0,2 g | Eiweiß: 2,1 g | Salz: 0,2 g

SPARGELRÖLLCHEN

Eine klassische Kombination, hübsch verpackt. Der Parmaschinken wird im Ofen knusprig, der Feta weich. Für zwei Personen als Hauptgericht oder für vier mit warmem Fladenbrot und einem Tomatensalat.

Für 4 Portionen als Vorspeise

300 g geputzter grüner Spargel
3 Esslöffel natives Olivenöl extra
Meersalz, schwarzer Pfeffer
8 Scheiben Parma- oder anderer luftgetrockneter Schinken
125 g Feta, in 8 cm lange Streifen geschnitten
1 große Scheibe altbackenes Weißbrot ohne Kruste
2 Teelöffel Thymianblättchen

In einem großen Topf Wasser mit etwas Salz zum Kochen bringen. Den Spargel darin 3 Minuten garen, in ein Sieb abgießen, mit kaltem Wasser abschrecken und abkühlen lassen. Mit 1 Esslöffel Öl und etwas Salz und Pfeffer mischen.

Den Backofen auf 220 °C (200 °C Umluft) vorheizen. Zwei bis drei Spargelstangen so auf das Ende einer Scheibe Schinken legen, dass die Köpfe über den Fettrand hinausragen. Eine Stange Feta darauflegen, dann alles aufrollen. Die Röllchen nebeneinander in einen Bräter legen, der Feta liegt jeweils oben.

Das Brot im Mixer grob zerkleinern. In einer Schüssel mit 1 Esslöffel Öl und dem Thymian mischen. Die Masse auf den Spargelröllchen verteilen. Bis hierher kann alles vorbereitet werden. Abdecken und kalt stellen.

Mit dem restlichen Öl beträufeln und 15–20 Minuten überbacken, bis die Brösel goldbraun sind.

REICH AN FOLSÄURE

1 Portion (als Vorspeise) enthält: 1105 kJ / 264 kcal | Fett: 17,6 g | davon gesättigte Fette: 6,9 g | Kohlenhydrate: 6,5 g | davon Zucker: 2,1 g | Eiweiß: 18,9 g | Salz: 3,3 g

TORTILLA MIT SCHNITTLAUCHSAHNE

Diese Tortilla mit knusprigen Schinkenscheiben kann heiß mit der Schnittlauchsahne serviert werden. Sie schmeckt aber auch toll lauwarm mit einer Haube aus Schnittlauchsahne und grünem Salat, vielleicht mit zarten Erbsensprossen, Dill, Brunnenkresse und Minze.

Für 4 Portionen

FÜR DIE TORTILLA

4 Esslöffel natives Olivenöl extra
1 Zwiebel, abgezogen, halbiert und in dünne Ringe geschnitten
500 g mittelgroße festkochende Kartoffeln, geschält oder abgeschrubbt, in dicke Scheiben geschnitten
Meersalz, schwarzer Pfeffer
6 Freilandeier (Größe M)
4 Scheiben Parma- oder anderer luftgetrockneter Schinken

FÜR DIE SCHNITTLAUCHSAHNE

2 Esslöffel feine Schnittlauchröllchen, plus etwas mehr zum Servieren
150 g saure Sahne

2 Esslöffel Olivenöl in einer ofenfesten, beschichteten Pfanne (24 cm Ø) bei mittlerer Temperatur erhitzen. Die Zwiebel darin unter häufigem Rühren 5–6 Minuten leicht goldbraun braten. Die Kartoffelscheiben zugeben und einige Minuten mitbraten, dabei gelegentlich wenden. Mit Salz würzen und 100 ml Wasser zugeben. Abdecken und bei schwacher Hitze 10 Minuten köcheln, bis die Kartoffeln gerade eben gar sind. Das Wasser abgießen. In der Pfanne abgedeckt 15 Minuten abkühlen lassen.

Die Eier in einer großen Rührschüssel mit etwas Salz und Pfeffer verquirlen. Kartoffeln und Zwiebel unterrühren. Den Grill stark vorheizen. Die Pfanne auswischen bei mittlerer Temperatur auf dem Herd erhitzen. 1 Esslöffel Öl in die Pfanne geben, dann die Ei-Kartoffel-Mischung zugeben und 3 Minuten garen. Den Schinken darauf verteilen, aber am Rand einige Zentimeter frei lassen. Mit dem letzten Esslöffel Öl beträufeln und unter dem Grill einige Minuten überbacken, bis der Rand goldbraun und aufgegangen ist. In der Mitte soll die Tortilla noch etwas feucht sein.

Herausnehmen und 10 Minuten ruhen lassen. In dieser Zeit stockt das Innere nach. Die saure Sahne mit dem Schnittlauch verrühren und mit Salz würzen. Auf die heiße oder warme Tortilla geben und mit zusätzlichen Schnittlauchröllchen bestreuen.

ENTHÄLT VITAMIN B_6, B_{12}

1 Portion enthält: 1742 kJ / 416 kcal | Fett: 27,4 g | davon gesättigte Fette: 8,8 g | Kohlenhydrate: 24,7 g | davon Zucker: 4,2 g | Eiweiß: 15,9 g | Salz: 1 g

LF CROSTINI MIT FEIGEN, BASILIKUM UND GORGONZOLA

Toll als Snack zu einem Drink oder als Vorspeise zu einem sommerlichen Menü. Der Honig unterstreicht die Süße der Feigen und fördert die Bräunung.

Für 6 Portionen

12 Scheiben Baguette, 1 cm dick, goldbraun getoastet
180 g Gorgonzola, in 12 Scheiben geschnitten
3 Feigen (ca. 150 g), geputzt
natives Olivenöl extra, zum Beträufeln
3 Esslöffel klarer Honig
zarte Basilikumblätter, in feine Streifen geschnitten

Den Grill stark vorheizen. Die Brotscheiben mit dem Gorgonzola belegen, die Ränder frei lassen. Von jeder Feige rechts und links eine dünne »Wange« abschneiden, dann jede Frucht in vier Scheiben schneiden. Die Scheiben auf die Brote legen. Die Brote nebeneinander in einen Bräter legen, mit etwas Olivenöl und dem Honig beträufeln und grillen, bis der Käse weich ist, aber noch nicht herunterläuft. Mit Basilikumstreifchen bestreuen. Vor dem Servieren 5 Minuten abkühlen lassen.

ENTHÄLT VITAMIN B2, KALZIUM, PHOSPHOR

1 Portion (2 Stück) enthält: 1043 kJ / 249 kcal | Fett: 12,4 g | davon gesättigte Fette: 6,6 g | Kohlenhydrate: 24,6 g | davon Zucker: 9,2 g | Eiweiß: 9,2 g | Salz: 1,7 g

LF BURRATA MIT FEIGEN

Käse und Früchte gehen immer, aber zerpflückter Burrata mit vollreifen, saftigen Feigen ist eine Kategorie für sich. Eine tolle Alternative zu einem zuckrigen Dessert oder, mit etwas Parmaschinken, ein leichtes Mittagessen.

Für 4 Portionen

200 g Burrata, ersatzweise Mozzarella, in Stücke gezupft
1 Esslöffel natives Olivenöl extra
1 Esslöffel Zitronensaft
4 vollreife Feigen, geputzt, längs halbiert
Meersalz

Den Burrata auf einer Servierplatte verteilen. Mit Öl und Zitronensaft beträufeln, dann die Feigenhälften darauf anrichten und alles mit Meersalz bestreuen.

ENTHÄLT VITAMIN A, B2, B12, KALZIUM, PHOSPHOR, ZINK

1 Portion enthält: 712 kJ / 170 kcal | Fett: 13,0 g | davon gesättigte Fette: 7,3 g | Kohlenhydrate: 3,2 g | davon Zucker: 3,2 g | Eiweiß: 9,6 g | Salz: 0,5 g

LF HALLOUMI-BURGER MIT ZITRONE UND MINZE

Halloumi bekommt beim Braten eine knuprige Kruste. Innen wird er weich, ohne zu zerlaufen. Weil er recht salzig ist, wird ihm hier als Ausgleich eine süßsaure Note zur Seite gestellt. Die Burger sind so schnell fertig, dass man sie auch nach Feierabend zaubern kann.

Für 4 Portionen

FÜR DIE BURGER
200 g Halloumi, abgetropft und grob geraspelt
2 Frühlingszwiebeln, geputzt, längs halbiert und in feine Stückchen geschnitten
2 Handvoll grob gehackte glatte Petersilie
2 Esslöffel fein gehackte Minze
fein abgeriebene Schale von 1 Biozitrone, plus 1 Spritzer Saft
200 g Zucchini, grob geraspelt
1 Freilandei (Größe M), verquirlt
4 Teelöffel natives Olivenöl extra

ZUM SERVIEREN
150 g Cocktailtomaten, halbiert
Meersalz
1 gehäufter Teelöffel fein in Ringe geschnittener, mittelscharfer Chili
6 kleine runde Pita-Brote, halbiert, erwärmt
gewürfeltes Avocadofruchtfleisch oder Balsamico-Zwiebel-Relish

Halloumi, Frühlingszwiebeln, Kräuter und Zitronenschale in einer großen Schüssel mischen. Das können Sie einige Stunden vorher erledigen. Abdecken und kalt stellen.

Kurz vor dem Servieren die Tomaten mit Salz bestreuen und 15–30 Minuten beiseitestellen. Die Chiliringe unterheben.

Die Zucchini unter die Käsemischung rühren. Etwas Zitronensaft und das Ei zufügen. 3 Esslöffel der Masse in eine runde Ausstechform (8 cm Ø) oder einen Pattymaker füllen und andrücken, sodass ein 2–3 cm dicker Patty entsteht. Sechs Pattys formen.

2 Teelöffel Öl in einer großen beschichteten Pfanne erhitzen. Die Pattys in zwei Durchgängen bei mittlerer bis schwacher Hitze 4–6 Minuten braten, dann wenden und die andere Seite 3 Minuten braten. Zwischendurch mit dem Bratenwender anheben und kontrollieren, dass sie nicht zu dunkel werden. Auf einem Teller im lauwarmen Backofen warm halten. Zum Braten der zweiten Portion eventuell noch etwas Öl in die Pfanne geben.

Die Pita-Brote mit den Pattys, Avocadowürfeln oder Relish sowie den Tomaten füllen.

1 Portion enthält: 2357 kJ / 563 kcal | Fett: 21,1 g | davon gesättigte Fette: 9,8 g | Kohlenhydrate: 65,2 g | davon Zucker: 8,7 g | Eiweiß: 26 g | Salz: 1,4 g

LF PIZZA MIT FENCHEL, DOLCELATTE UND ROSMARIN

Warum muss es immer Margherita sein? Hier kommt eine raffinierte Kombination aus Fenchel, Blauschimmelkäse und Rosmarin. Schwarze Oliven würden auch gut dazu passen. Dolcelatte ist viel milder als Gorgonzola, denn er ist eine der ganz hellen unter den Blauschimmelkäsesorten. Schneller geht es mit fertig gekauftem Pizzateig aus der Kühltheke.

Für 4 Portionen

FÜR DEN PIZZATEIG
300 g Mehl (Type 550), plus etwas mehr zum Bestäuben und Kneten
½ Teelöffel Trockenhefe
½ Teelöffel Zucker
1 Teelöffel Meersalz
1 Esslöffel natives Olivenöl extra
150–175 ml lauwarmes Wasser

FÜR DEN BELAG
2 Fenchelknollen, geputzt, das Grün grob gehackt
3 Esslöffel natives Olivenöl extra, plus etwas mehr zum Beträufeln
Meersalz, schwarzer Pfeffer
150 g Dolcelatte, zerkrümelt
1 Esslöffel Rosmarinblätter

Mehl, Hefe, Zucker und Meersalz in einer großen Schüssel mischen. Das Olivenöl zugeben, dann nach und nach so viel lauwarmes Wasser untermischen, dass ein geschmeidiger Teig entsteht. Auf einer leicht bemehlten Arbeitsfläche 8–10 Minuten kneten, bis er elastisch ist. In der Küchenmaschine dauert es nur halb so lange. In eine leicht bemehlte Schüssel legen, die Oberseite kreuzweise einschneiden und mit etwas Mehl bestreuen. Mit einem sauberen Geschirrtuch abdecken und an einem warmen, vor Zugluft geschützten Ort 1–3 Stunden ruhen lassen, bis sich das Volumen verdoppelt hat.

Für den Belag die Fenchelknollen senkrecht halbieren, dann quer zur Faser in dünne Scheiben schneiden. Das Olivenöl in einem mittelgroßen Topf auf kleiner Stufe erhitzen. Den Fenchel mit etwas Salz und Pfeffer zugeben und unter gelegentlichem Rühren 10 Minuten glasig dünsten. Das kann einige Stunden vorher erledigt werden.

Den Backofen auf 220 °C (200 °C Umluft) vorheizen. Den Teig zusammendrücken, mit Mehl bestreuen und noch einmal kurz durchkneten. Flach drücken und zu einem Oval von etwa 27 × 37 cm ausrollen. Die Ränder mit den Fingern formen. Den Teig auf ein Backblech heben, mit Olivenöl einpinseln und den Fenchel darauf verteilen.* Den Rand frei lassen. Mit Dolcelatte und Rosmarin bestreuen und mit Öl beträufeln. 20 Minuten goldbraun backen. Heiß oder warm servieren. Nach Belieben mit dem gehackten Fenchelgrün bestreuen.

*Der Teig geht stärker auf, wenn er vor dem Belegen nochmals 20 Minuten ruht.

ENTHÄLT FOLSÄURE, KALZIUM, PHOSPHOR
1 Portion enthält: 2211 kJ / 528 kcal | Fett: 24,7 g | davon gesättigte Fette: 9,5 g | Kohlenhydrate: 55,9 g | davon Zucker: 2,7 g | Eiweiß: 17,8 g | Salz: 2,9 g

LF KÄSETOAST MIT CHUTNEY

Das Brot wird so herrlich knusprig, weil es mit Butter bestrichen und in einer Pfanne geröstet wird. Probieren Sie ruhig auch andere Käsesorten oder verwenden Sie statt Chutney (oder zusätzlich) Schinken. Dazu passt ein knackiger Salat.

Für 2 Portionen

2 dicke Scheiben altbackenes Weißbrot
1 Teelöffel weiche Butter
70 g Cheddar, in Scheiben geschnitten
1 Esslöffel Chutney nach Wahl

Das Brot von beiden Seiten dünn mit Butter bestreichen. Eine Seite mit Käse belegen und mit Chutney bestreichen. Die zweite Brotscheibe darauflegen. Bis hierher kann das Rezept gut vorbereitet werden.

Eine beschichtete Pfanne auf hoher Stufe vorheizen. Das Sandwich in der Pfanne bei mittlerer bis schwacher Hitze von jeder Seite 4–5 Minuten braten, bis es außen knusprig ist und der Käse schmilzt. In vier Streifen schneiden und diese zum Servieren aufrecht stellen.

REICH AN VITAMIN D, B12, KALZIUM, PHOSPHOR | ENTHÄLT VITAMIN A, ZINK
1 Portion enthält: 1139 kJ / 272 kcal | Fett: 15,1 g | davon gesättigte Fette: 9,1 g | Kohlenhydrate: 20,7 g | davon Zucker: 3,2 g | Eiweiß: 12,8 g | Salz: 1,4 g

TOAST MIT PARMASCHINKEN UND ZIEGENKÄSE

Der Star dieses Rezepts ist ganz gewöhnlicher Ziegenkäse. Übrigens tut es vielen eher nicht so würzigen Käsesorten gut, wenn man sie erhitzt. Andererseits können liebevoll gepflegte, alte Käsesorten zum Überbacken zu intensiv sein. Ein junger Camembert eignet sich dafür beispielsweise besser als ein reifer.

Hier werden dicke Brotscheiben überbacken. Alternativ können Sie auch Gemüse verwenden, zum Beispiel gegrillte Auberginenscheiben, oder den Käse zum Salat servieren.

Für 4 Portionen

4 × 70 g mittelalter Ziegenweichkäse
4 Salbeiblätter
4 Scheiben Parma- oder anderer luftgetrockneter Schinken
1 Teelöffel natives Olivenöl extra, plus etwas mehr zum Beträufeln
4 dicke Scheiben Sauerteigbrot oder 8 Scheiben dunkles Stangenbrot, getoastet
1 Kästchen Kresse

Auf jede Käsescheibe ein Salbeiblatt legen. Darauf eine Scheibe Schinken legen und die Enden unter den Käse falten. Mit einem Zahnstocher fixieren und mit der Öffnung nach oben braten. Einen Teelöffel Öl in einer großen, beschichteten Pfanne bei niedriger Temperatur erhitzen. Die Käsepäckchen 5 Minuten so braten, dass der Schinken hell goldbraun und knusprig ist und der Käse zwar schmilzt, aber nicht herausläuft. Auf dicke Scheiben getoastetes Sauerteigbrot legen, mit Kresse garnieren und mit etwas Öl beträufeln.

REICH AN VITAMIN A, K | ENTHÄLT VITAMIN C, KALZIUM, PHOSPHOR, MANGAN, JOD
1 Portion enthält: 1260 kJ / 301 kcal | Fett: 17,3 g | davon gesättigte Fette: 9,8 g | Kohlenhydrate: 19,0 g | davon Zucker: 1,7 g | Eiweiß: 16,4 g | Salz: 1,7 g

FRENCH TOAST MIT FÜLLUNG

Doppelt köstlich: französischer Toast mit zerlaufenem Käse. Ich serviere dazu gern einen ganz einfachen Tomatensalat aus halbierten Kirschtomaten und etwas Salz oder einen würzigen Rucolasalat. Der Toast ist ziemlich gehaltvoll und reicht für zwei Personen – oder eine Person mit gesegnetem Appetit.

Für 2 Portionen

1 Freilandei (Größe M)
2 Esslöffel fettarme Milch
Meersalz, schwarzer Pfeffer
2 Esslöffel Raps- oder Olivenöl
2 große, dicke Scheiben altbackenes Weißbrot
50 g Raclette, in dünne Scheiben geschnitten
körniger Senf
2 Essiggurken, in dünne Scheiben geschnitten
1 Teelöffel klarer Honig

Ei und Milch mit etwas Salz und Pfeffer in einer flachen Schüssel verrühren. 1 Esslöffel Öl bei mittlerer Temperatur in einer großen, beschichteten Pfanne erhitzen. Das Brot mit einer Seite in die Eiermilch tauchen und mit dieser Seite nach unten in die Pfanne legen. 2–3 Minuten goldbraun braten, dann mit der gebratenen Seite nach oben auf einen Teller legen. Die zweite Scheibe ebenso braten.

Die Hitze etwas reduzieren. Die Brotscheiben mit dem Käse belegen, mit Senf bestreichen und die Gurkenscheiben auflegen. Die zweite Brotscheibe darauflegen, die gebratene Seite nach unten. Nun die äußeren Seiten des Sandwichs in die Eiermilch tauchen, dabei vorsichtig mit einem Bratenwender umdrehen, damit die Füllung nicht herausrutscht. Das restliche Öl mit dem Honig in die Pfanne geben und das Brot von jeder Seite 1½ Minuten braten, bis es goldbraun ist und der Käse weich wird. Der Honig karamellisiert und verstärkt die Bräunung. Zum Servieren schräg in zwei Dreiecke schneiden.

REICH AN KALZIUM | ENTHÄLT VITAMIN B_{12}, PHOSPHOR, SELEN
1 Portion enthält: 1574 kJ / 376 kcal | Fett: 22,6 g | davon gesättigte Fette: 7,4 g | Kohlenhydrate: 27,9 g | davon Zucker: 5,2 g | Eiweiß: 14,0 g | Salz: 1,5 g

COMTÉ-FONDUE MIT FEINEN BEILAGEN

Fondue gehört zu den Gerichten, bei denen man einfach nicht aufhören kann zu essen. Also habe ich versucht, eine Version zu entwickeln, bei der man nicht die ganze Monatsration an gesättigten Fetten bei einer einzigen Mahlzeit vertilgt. Das einzige Problem bei diesem Rezept ist, dass man es am liebsten mehrmals in der Woche essen möchte. Aber auch das ist nicht schlimm, denn es ist gesund und sehr einfach zuzubereiten.

Grüner Spargel und weißer Spargel sind ein tolles Duo, weil sie sich in Geschmack und Konsistenz unterscheiden. Natürlich können Sie sich auch auf eine Sorte beschränken. Und wenn kein Comté im Angebot ist, probieren Sie ruhig andere Käsesorten aus. Abondance, Gruyère, Emmentaler und Raclette sind gute Alternativen.

Für 2 Portionen

FÜR DAS FONDUE
2 Teelöffel Maisstärke
150 ml fettarme Milch
½ Teelöffel Dijonsenf
frisch geriebene Muskatnuss
60 g Comté, fein gewürfelt
1 Esslöffel feine Schnittlauchröllchen
2 Teelöffel geriebener Parmesan

ZUM DIPPEN
300 g geputzter grüner und weißer Spargel, gleich dicke Stangen wählen
12 Wachteleier, 2½ Minuten gekocht, geschält und halbiert
Selleriesalz
2 Scheiben Sauerteigbrot

Zuerst in einem großen Topf Wasser mit etwas Salz zum Kochen bringen.

Die holzigen Enden der Spargelstangen entfernen, weißen Spargel bis kurz unter die Spitze schälen.

Die Maisstärke in einer kleinen Schüssel mit etwas Milch verrühren.

Den Grill vorheizen. Die übrige Milch in einem kleinen, beschichteten Topf zum Kochen bringen. Die angerührte Speisestärke zugeben und unter ständigem Rühren erhitzen, bis die Sauce eindickt. Vom Herd nehmen. Den Senf einrühren und mit Muskatnuss würzen. Comté und Schnittlauch einrühren. Die Sauce auf zwei kleine, flache, ofenfeste Schalen verteilen, mit Parmesan bestreuen und unter dem Grill 5 Minuten goldgelb überbacken.

Inzwischen den Spargel im kochenden Wasser 4–5 Minuten kochen, bis die dicksten Stangen gar, aber unbedingt noch bissfest sind. In einem Sieb abtropfen lassen.

Das Fondue mit Spargel, Wachteleiern, Selleriesalz und Brot zum Dippen servieren.

REICH AN FOLSÄURE | ENTHÄLT VITAMIN B_2, KALZIUM, PHOSPHOR
1 Portion enthält: 1918 kJ / 458 kcal | Fett: 23,5 g | davon gesättigte Fette: 10,4 g | Kohlenhydrate: 27,4 g | davon Zucker: 7 g | Eiweiß: 31,9 g | Salz: 1,2 g

DREI-KÄSE-MUFFINS MIT TOMATEN

Dies ist ein Rezept für Fans von Käsebrötchen, aber ohne umständlichen Hefeteig. Am besten schmecken sie warm, wenn die Käsestückchen noch weich sind. Statt Emmentaler und Gruyère können Sie auch Comté oder Abondance verwenden, und der Pecorino kann durch Parmesan ersetzt werden. Die Muffins können einige Tage in einem luftdicht schließenden Behälter aufbewahrt und bei Bedarf im Backofen bei 190 °C (170 °C Umluft) 10 Minuten aufgewärmt werden.

Ergibt 12 Stück*

250 g Mehl
50 g gemahlene Mandeln
50 g Pecorino, fein gerieben
1 Esslöffel Backpulver
1 Prise Meersalz
3 Freilandeier (Größe M)
225 ml Vollmilch
5 Esslöffel natives Olivenöl extra
8 sonnengetrocknete Tomaten in Öl, abgetropft und fein gehackt
100 g Emmentaler, in 1 cm dicke Würfel geschnitten
100 g Gruyère, in 1 cm dicke Würfel geschnitten
2 Esslöffel Pesto
1 gehäufter Esslöffel Schnittlauchröllchen

Den Backofen auf 220 °C (200 °C Umluft) vorheizen. Eine 12er-Muffinform mit Papierförmchen auslegen oder die Formböden mit Butter fetten und mit Backpapier auskleiden. Mehl, gemahlene Mandeln, Pecorino, Backpulver und Salz in einer großen Schüssel mischen. Eier und Milch in einer anderen Schüssel verquirlen, dann das Olivenöl einrühren. Die flüssigen Zutaten zu den trockenen geben und alles zügig mit einem Holzlöffel verrühren. Der Teig soll noch etwas klumpig aussehen. Die sonnengetrockneten Tomaten unterheben. Beide Käsesorten mischen. Ein Viertel der Käsewürfel beiseitestellen, den Rest unter den Teig heben. Kleine Kleckse Pesto auf den Teig geben und nur kurz streifig unterziehen. Die Papierförmchen zu zwei Dritteln mit Teig füllen. Die zurückgestellten Käsewürfel jeweils in die Mitte geben und leicht eindrücken. Alles mit dem Schnittlauch bestreuen.

10 Minuten backen, dann den Ofen auf 190 °C (170 °C Umluft) herunterschalten und weitere 15 Minuten backen. Warm oder gerade abgekühlt servieren.

*Der Teig reicht für mindestens zwölf Muffins, je nach Muldengröße eventuell auch mehr.

REICH AN VITAMIN E, B_{12}, KALZIUM, PHOSPHOR | ENTHÄLT VITAMIN A, B_2, ZINK

1 Muffin enthält: 1252 kJ / 299 kcal | Fett: 20,1 g | davon gesättigte Fette: 6,2 g | Kohlenhydrate: 17,2 g | davon Zucker: 1,5 g | Eiweiß: 11,9 g | Salz: 0,8 g

LF QUESADILLAS MIT CHILI

Quesadillas sind die Tex-Mex-Verwandten von Bacon-Sandwiches, aber deutlich pikanter. Nachdem ich im Freundeskreis herumgefragt habe, wie wohl die weltbesten Quesadillas schmecken, kam dieses Rezept heraus. Natürlich geht es nicht ohne eine Guacamole zum Dippen. Alternativ können Sie auch den Avocadodip mit Koriander und Limette von Seite 78 dazu servieren.

Für 2 Portionen

4 kleine Tortillas
4 dünne Scheiben Leerdammer à 30 g
100 g in dünne Scheiben geschnittenes gegrilltes Perlhuhn oder Freilandhähnchen
2 Teelöffel Chilli Jam
1 Frühlingszwiebel, geputzt und in dünne Scheiben geschnitten
4 Scheiben Parma- oder anderer luftgetrockneter Schinken

Eine Pfanne, am besten aus Gusseisen, 4–5 Minuten auf mittlerer bis niedriger Stufe erhitzen. Die Tortillas auf der Arbeitsfläche ausbreiten und mit dem Käse belegen. Das Hähnchenfleisch auf zwei Tortillas verteilen, dann mit Chilli Jam beträufeln und mit Zwiebelringen bestreuen. Die beiden anderen Tortillas mit dem Schinken belegen, dann auf die Tortillas mit Käse und Hähnchen klappen. Vorsichtig andrücken.*

Die Quesadillas ohne Fett von jeder Seite 3 Minuten leicht goldbraun braten, bis der Käse weich ist. In Viertel schneiden und mit Guacamole (siehe unten) servieren.

*Die Quesadillas können Sie vorbereiten. Dann in Frischhaltefolie wickeln und bis zum Braten kalt stellen.

REICH AN KALZIUM, PHOSPHOR | ENTHÄLT VITAMIN B_3, B_{12}, ZINK

1 Portion enthält: 2265 kJ / 541 kcal | Fett: 24,7 g | davon gesättigte Fette: 13,2 g | Kohlenhydrate: 37,8 g | davon Zucker: 4,4 g | Eiweiß: 40,8 g | Salz: 2,3 g

GUACAMOLE

Für 4 Portionen

Fruchtfleisch von 2 Avocados
1 Esslöffel grob gehackte rote Zwiebel
½ Teelöffel fein gehackter mittelscharfer roter Chili
1 Esslöffel grob gehackter Koriander
1 Esslöffel Zitronen- oder Limettensaft
1 Esslöffel natives Olivenöl extra, plus etwas mehr zum Servieren
Meersalz
Cayennepfeffer, zum Bestäuben

Alle Zutaten bis auf den Cayennepfeffer im Mixer glatt pürieren. In eine Servierschüssel füllen, mit Frischhaltefolie abdecken und 4–6 Stunden kalt stellen. Kurz vor dem Servieren mit etwas Olivenöl beträufeln und mit Cayennepfeffer bestreuen.

ENTHÄLT VITAMIN E, B6, BALLASTSTOFFE, KALIUM

1 Portion enthält: 536 kJ / 128 kcal | Fett: 12,6 g | davon gesättigte Fette: 2,5 g | Kohlenhydrate: 1,4 g | davon Zucker: 0,6 g | Eiweiß: 1,1 g | Spuren von Salz

GETREIDE & PASTA

SPINAT-RICOTTA-GNOCCHI

Diese kleinen grünen Klößchen mag ich besonders gern. Sie machen etwas Arbeit, sind also eher ein Fall fürs Wochenende. Die Zubereitung erfolgt in Etappen. Sie können den Spinat vorkochen und dann etwas anderes tun. Später bereiten Sie den Teig zu. Geformt und gegart werden die Gnocchi erst kurz vor dem Servieren.

Gnocchi werden normalerweise mit Ricotta und Parmesan zubereitet und mit reichlich Butter und noch mehr Parmesan serviert. Am Teig kann man kein Fett einsparen, aber statt sie in Butter zu baden, können Sie dazu eine Handvoll Salbeiblätter servieren, die kurz in Olivenöl gebraten und mit etwas Zitronensaft beträufelt werden. Im Gegensatz zu anderen Frischkäsesorten bleibt Ricotta auch erhitzt gut in Form.

Für 4 Portionen

1 kg frischer Spinat, geputzt
200 g Ricotta
Eigelb von 4 Freilandeiern (Größe M)
Meersalz, schwarzer Pfeffer
frisch geriebene Muskatnuss
½ Teelöffel fein abgeriebene Zitronenschale
1 großzügiger Spritzer Zitronensaft
10 g Maisstärke
50 g frisch geriebener Parmesan, plus etwas mehr zum Servieren
Mehl, zum Bestäuben
3 Esslöffel natives Olivenöl extra, plus etwas mehr zum Servieren
2–3 Handvoll Salbei- oder Basilikumblätter

Den Spinat in zwei Portionen garen. Die erste Hälfte tropfnass in einen großen Topf geben, den Deckel auflegen und bei schwacher Hitze 5–10 Minuten garen, bis er zusammengefallen ist. Nach der Hälfte der Zeit umrühren. In einem Sieb abtropfen lassen. Die zweite Portion ebenso garen und abtropfen lassen, dann etwa 1½ Stunden abkühlen lassen.

Den Spinat mit den Händen sehr gründlich ausdrücken. Danach in zwei Portionen in einem sauberen Geschirrtuch nochmals auspressen. Er muss so trocken wie möglich sein.

Ricotta und Eigelb in einer großen Schüssel verquirlen, dann etwas Salz und Pfeffer, Muskatnuss, Zitronenschale und Speisestärke zugeben und alles glatt rühren. Den Spinat zerpflücken und gleichmäßig unterrühren. Zuletzt den Parmesan untermischen. Abdecken und mehrere Stunden kalt stellen, damit der Teig fester wird.

In einem großen Topf Wasser mit etwas Salz zum Kochen bringen. Etwas Mehl in einen Suppenteller streuen. Mit einem Teelöffel kleine Klöße von dem Teig abstechen, im Mehl wälzen und beiseitestellen. Das muss unmittelbar vor dem Kochen geschehen, sonst saugen die Klöße das Mehl auf.

Die Klöße mithilfe eines Schaumlöffels ins Wasser geben und bei schwacher Hitze etwa 4 Minuten ziehen lassen. Sie sind gar, wenn sie an die Oberfläche steigen. Mit dem Schaumlöffel herausnehmen und auf vier vorgewärmte Suppenteller verteilen.

Währenddessen das Öl in einer großen Pfanne bei mittlerer Temperatur erhitzen. Die Kräuterblätter hineingeben und vorsichtig ins Öl drücken. Braten, bis sie knusprig und ganz leicht gebräunt sind. Blätter und Öl über die Gnocchi geben. Zum Schluss alles mit mehr Öl und Zitronensaft beträufeln und mit Parmesan bestreuen.

REICH AN VITAMIN A UND K, FOLSÄURE | ENTHÄLT VITAMIN C, B_{12}, KALIUM, KALZIUM, PHOSPHOR, EISEN, MANGAN
1 Portion enthält: 1524 kJ / 364 kcal | Fett: 25,2 g | davon gesättigte Fette: 8,9 g | Kohlenhydrate: 11 g | davon Zucker: 4,7 g | Eiweiß: 19,8 g | Salz: 1,3 g

PIKANTES DINKELPILAW MIT SAFRANJOGHURT

Perldinkel liegt voll im Trend, und ich finde, er schmeckt weniger mehlig als Perlgraupen (= Gerste). Dieses Rezept kann, mit einem Klecks Joghurt garniert, als eigenständige Mahlzeit serviert werden. Dazu passt ein grüner Blattsalat.

Für 4 Portionen

FÜR DEN PILAW

3 Esslöffel Erdnuss- oder Pflanzenöl
4 Schalotten, abgezogen und in dünne Ringe geschnitten
1 Zimtstange
8 Kardamomkapseln, zerdrückt
4 Gewürznelken
2 Lorbeerblätter
2 lange Zitronenzesten (mit einem Sparschäler abgezogen)
250 g Perldinkel, abgespült
450 ml Geflügelbrühe oder Wasser
1 Teelöffel Maldon (Meersalz)
50 g geröstete Cashewkerne
1 kleine Handvoll Koriander- und Minzeblätter, zum Servieren

FÜR DEN SAFRANJOGHURT

150 g fettfreier Joghurt
1 Esslöffel saure Sahne
1 Teelöffel Zitronensaft
½ Teelöffel fein abgeriebene Zitronenschale
1 kleine Prise Safranfäden (etwa 10 Stück), gemahlen und in 1 Teelöffel kochendem Wasser eingeweicht
½ Teelöffel Sumach
Meersalz

Das Öl in einem mittelgroßen Topf bei mittlerer Temperatur erhitzen. Schalotten, Gewürze, Lorbeerblätter und Zitronenzesten darin 3–5 Minuten unter häufigem Rühren hell anbräunen. Perldinkel, Brühe und Salz zugeben, umrühren und zum Kochen bringen, dabei aufsteigenden Schaum abschöpfen. 17 Minuten köcheln, bis der Dinkel die Flüssigkeit größtenteils aufgesogen hat.

Einen gut schließenden Deckel auflegen, den Herd abschalten und den Dinkel 20 Minuten quellen lassen. Kardamomkapseln und Gewürznelken herausfischen. Die übrigen Gewürze können bei Tisch herausgenommen werden. Den Dinkel mit einer Gabel auflockern. Es macht nichts, wenn der Dinkel länger als 20 Minuten quillt. Die Cashewkerne unterheben, mit Koriander und Minze bestreuen und servieren.

Alle Zutaten für den Safranjoghurt in einer kleinen Schüssel verrühren und mit Salz abschmecken – am besten bevor Sie das Pilaw zubereiten oder während der Dinkel kocht. Abdecken und kalt stellen, damit sich die Aromen entfalten können. Separat zum Pilaw reichen.

1 Portion enthält: 1763 kJ / 421 kcal | Fett: 17,0 g | davon gesättigte Fette: 2,9 g | Kohlenhydrate: 48,7 g | davon Zucker: 8,5 g | Eiweiß: 14,6 g | Salz: 1,9 g

QUINOAPILAW MIT BROKKOLI UND KNUSPRIGEM FETA

Dieser Pilaw wird im Ofen gegart. Er duftet herrlich nach orientalischen Gewürzen und bekommt durch etwas Harissa seine pikante Note. Die Zubereitung des Fetas ist etwas ungewöhnlich, aber probieren Sie es einmal aus: Er ist innen herrlich weich und außen knusprig.

Für 6 Portionen

5 Esslöffel natives Olivenöl extra
3 Schalotten, abgezogen, längs halbiert und quer in dünne Scheiben geschnitten
2 rote Spitzpaprika, geputzt und quer in dicke Ringe geschnitten
2 Knoblauchzehen, abgezogen und fein gehackt
1 gehäufter Teelöffel gemahlener Koriander
1 gehäufter Teelöffel gemahlener Kreuzkümmel
300 g Quinoa (am schönsten ist die dreifarbige)
600 ml Gemüsebrühe
1 Zimtstange
Meersalz
200 g Cocktailtomaten, halbiert oder geviertelt
200 g Sprossbrokkoli, ersatzweise normaler Brokkoli, geputzt und längs in 1 cm dicke Scheiben geschnitten
1 Esslöffel Zitronensaft
1 gehäufter Teelöffel Harissa
200 g Feta*, auf Küchenpapier abgetropft
1 Handvoll grob gehackte glatte Petersilie

Den Backofen auf 200 °C (180 °C Umluft) vorheizen. 2 Esslöffel Olivenöl in einem großen gusseisernen Bräter auf mittlerer Stufe erhitzen. Schalotten und Paprika darin 5 Minuten weich dünsten, dann Knoblauch, Koriander und Kreuzkümmel zugeben und unter häufigem Rühren einige Minuten mitbraten, bis das Gemüse braun wird. Die Quinoa einrühren und 1 Minute erhitzen, bis die Körner platzen. Brühe, Zimtstange und wenig Salz zufügen. Zum Kochen bringen, dann abgedeckt im Backofen 15 Minuten garen. Tomaten und Brokkoli darauf verteilen und weitere 20 Minuten im Ofen garen. Das Gemüse vorsichtig mit der Quinoa vermischen und nochmals 10 Minuten in den Ofen schieben, bis Quinoa und Brokkoli gar sind.

Inzwischen Zitronensaft und Harissa in einer kleinen Schüssel mit 1 Esslöffel Öl verrühren.

Nachdem der Pilaw für die letzten 10 Minuten in den Ofen geschoben ist, eine kleine beschichtete Pfanne auf mittlerer Stufe erhitzen. Das restliche Öl hineingeben und den Feta darin 5 Minuten knusprig goldbraun braten. Es macht nichts, wenn er dabei etwas zerläuft. Vorsichtig mit einem Pfannenheber wenden, knusprige Brösel vom Pfannenboden lösen und auf den Käse legen. Weitere 5 Minuten braten.

Die Petersilie über das Pilaw streuen und teilweise unterheben. Den Feta in Streifen schneiden, mit einer Gabel zerbröseln und auf dem Pilaw anrichten. Mit der Harissamischung beträufeln.

*Verwenden Sie einen ganz normalen Block Feta, je fester desto besser.

REICH AN VITAMIN K, C | ENTHÄLT VITAMIN A

1 Portion enthält: 1562 kJ / 373 kcal | Fett: 19,7 g | davon gesättigte Fette: 6,3 g | Kohlenhydrate: 32,4 g | davon Zucker: 8,2 g | Eiweiß: 15,1 g | Salz: 2 g

LF PILZKÖPFE MIT DINKEL-HASELNUSS-FÜLLUNG

Suchen Sie zum Füllen schöne große Champignons mit flachem Hut aus. Etwas Butter unterstreicht ihren Geschmack. Die Pilze können als vegetarisches Hauptgericht serviert werden, schmecken aber auch gut zu Salat oder einem Rinderbraten oder im Herbst zu Wildragout. Probieren Sie das Rezept auch einmal mit gerösteten Macadamias oder Paranüssen.

Für 4 Portionen

125 g Perldinkel
8 große Champignons
4 Knoblauchzehen, abgezogen und fein gehackt
3 Esslöffel natives Olivenöl extra
30 g Butter
Meersalz, schwarzer Pfeffer
2 Schalotten, abgezogen und fein gehackt
150 g kleine Champignons, geputzt und in dünne Scheiben geschnitten
fein abgeriebene Schale von 1 Biozitrone
1 Esslöffel Zitronensaft
2 Esslöffel grob gehackte glatte Petersilie
2 Esslöffel Dillspitzen
30 g Haselnüsse, geröstet und gehackt, zum Servieren

In einem mittelgroßen Topf Wasser mit etwas Salz zum Kochen bringen. Den Dinkel darin 17–20 Minuten oder nach Packungsanweisung garen. In einem Sieb abtropfen lassen.

Inzwischen den Backofen auf 200 °C (180 °C Umluft) vorheizen. Die Stiele der großen Champignons auf Höhe der Hüte abschneiden. Die Hüte mit der Wölbung nach unten in einen großen Bräter legen. Knoblauch, 2 Esslöffel Olivenöl und Butter in Flöckchen auf die Hüte verteilen. Salzen und pfeffern, dann 25 Minuten im Ofen garen.

5 Minuten vor Ende der Garzeit das restliche Öl in einer großen, beschichteten Pfanne auf mittlerer Stufe erhitzen. Die Schalotten darin unter häufigem Rühren glasig dünsten. Die Champignonscheibchen zufügen und hellbraun anbraten. Dinkel und Zitronenschale einrühren und durchwärmen. Zitronensaft und Kräuter untermischen und das Ganze abschmecken. Die Dinkelmischung in die Pilzhüte geben und mit den Haselnüssen bestreuen. Heiß oder lauwarm servieren.

ENTHÄLT VITAMIN B_2, B_3, B_5, B_7, FOLSÄURE

1 Portion enthält: 1545 kJ / 369 kcal | Fett: 21,3 g | davon gesättigte Fette: 5,8 g | Kohlenhydrate: 23,9 g | davon Zucker: 3,5 g | Eiweiß: 16,3 g | Salz: 0,2 g

LINGUINE MIT PESTO UND PARANUSS-PANGRATTATO

Das frisch-würzige Pesto wird mit Basilikum, Minze und Petersilie zubereitet. Geröstete Paranüsse sind mit ihrem butterigen Geschmack eine interessante Alternative zu *pangrattato* (der italienischen Version von Semmelbröseln). Wer möchte, kann für dieses Rezept glutenfreie Pasta verwenden.

Für 4 Portionen

FÜR DIE PASTA

75 g Paranusskerne, fein gehackt
2 rote Zwiebeln, abgezogen, längs halbiert und quer in dünne Scheiben geschnitten
1 Esslöffel natives Olivenöl extra
1 Teelöffel Balsamessig
300 g Linguine oder Spaghetti
75 g Ziegenfrischkäse, zerkrümelt

FÜR DAS PESTO

30 g Minzeblätter
30 g Basilikumblätter
30 g glatte Petersilienblätter
1 Knoblauchzehe, abgezogen
3 Esslöffel natives Olivenöl extra
50 g frisch geriebener Parmesan
Meersalz, schwarzer Pfeffer

Den Backofen auf 200 °C (180 °C Umluft) vorheizen. Die Nüsse auf einem beschichteten Backblech verteilen und auf der unteren Schiene 8–10 Minuten gleichmäßig goldbraun rösten. Abkühlen lassen. Gleichzeitig die Zwiebeln in einzelne halbe Ringe zerteilen, auf einem zweiten beschichteten Backblech ausbreiten und mit dem Öl beträufeln. 30–35 Minuten auf der Schiene über den Nüssen garen. Nach 20 Minuten wenden, damit sie gleichmäßig bräunen. Sehr dunkle Ringe aussortieren. Die Zwiebeln mit dem Essig beträufeln und vermengen.

Inzwischen Kräuter und Knoblauch in einem Mixer fein hacken, dann bei laufendem Motor das Olivenöl in dünnem Strahl zugießen. Parmesan und Gewürze zufügen und nochmals mixen. Das Pesto kann auch am Vortag zubereitet werden.

In einem großen Topf Wasser mit etwas Salz zum Kochen bringen. Die Pasta zugeben, durchrühren und gemäß Packungsanweisung al dente garen. In einen Durchschlag abgießen, aber nicht zu trocken werden lassen. Wieder in den Topf geben. Mit dem Pesto mischen. Den Ziegenkäse unterheben: Er schmilzt durch die Restwärme. Auf vier Teller verteilen, mit knusprigen Zwiebeln anrichten und mit den Nüssen bestreuen.

REICH AN VITAMIN K, PHOSPHOR, SELEN | ENTHÄLT VITAMIN B_1, KALZIUM, MAGNESIUM, EISEN, ZINK UND MANGAN

1 Portion enthält: 2659 kJ / 635 kcal | Fett: 34,0 g | davon gesättigte Fette: 10,8 g | Kohlenhydrate: 57,2 g | davon Zucker: 4,9 g | Eiweiß: 22,5 g | Salz: 0,5 g

LF TAGLIATELLE MIT GEBACKENEM SPARGEL

Der Spargel setzt sich geschmacklich in diesem Gericht durch. Sie brauchen dazu nur noch etwas Parmesan und frische Petersilie. Kulinarischer Minimalismus vom Feinsten.

Für 4 Portionen

400 g dünner Spargel, geputzt, geschält (falls nötig) und in 3–4 cm große Stücke geschnitten
2 Esslöffel natives Olivenöl extra
Meersalz, schwarzer Pfeffer
3 Knoblauchzehen, abgezogen und fein gehackt
1 Teelöffel fein gehackter mittelscharfer roter Chili
300 g Tagliatelle
2 Esslöffel Zitronensaft
50 g frisch geriebener Parmesan, plus einige Parmesanspäne zum Servieren
2 Handvoll grob gehackte glatte Petersilie

Den Backofen auf 210 °C (190 °C Umluft) vorheizen. Die Spargelstangen in einer Schicht in einen großen Bräter legen. Mit dem Olivenöl beträufeln und mit etwas Salz und Pfeffer würzen. 15 Minuten im Ofen garen, dann Knoblauch und Chili darüberstreuen und weitere 10 Minuten garen, bis der Spargel gar und leicht gebräunt ist.

Inzwischen in einem großen Topf Wasser mit etwas Salz zum Kochen bringen. Die Pasta zugeben, kurz umrühren und nach Packungsanweisung al dente garen. Eine halbe Tasse Kochwasser abschöpfen. Die Pasta in einem Durchschlag abtropfen lassen. Zum Spargel in den Bräter geben, mit Zitronensaft beträufeln und mit Parmesan und etwas Salz und Pfeffer bestreuen. Das aufgefangene Kochwasser zugießen. Bei schwacher Hitze auf dem Herd erwärmen und rühren, bis der Parmesan sich mit den Nudeln verbunden hat. Die Petersilie unterrühren und mit Parmesanspänen bestreut servieren.

REICH AN FOLSÄURE | ENTHÄLT VITAMIN K, C, B_1, PHOSPHOR, MANGAN
1 Portion enthält: 1690 kJ / 404 kcal | Fett: 11,2 g | davon gesättigte Fette: 3,4 g | Kohlenhydrate: 55,6 g | davon Zucker: 4,4 g | Eiweiß: 17,4 g | Salz: 0,3 g

LF MAKKARONI MIT KÄSE UND TOMATEN

Bei Makkaroni mit Käse vergessen die meisten Leute alle guten Vorsätze. Dies ist ein Rezept, bei dem Sie kein schlechtes Gewissen haben müssen, aber auf geschmolzenen Käse und die leckere Kruste brauchen Sie trotzdem nicht zu verzichten. Wer es eilig hat, kann aber auch eine gute Tomatensauce aus dem Glas verwenden.

Für 6 Portionen

SCHNELLE VERSION

300 g Makkaroni
700 ml gute Tomatensauce (Fertigprodukt)
75 g sonnengetrocknete Tomaten, grob gehackt
175 g Gruyère, in dünne Streifen geschnitten
150 g Cocktailtomaten, geviertelt
1 Esslöffel natives Olivenöl extra
Meersalz, schwarzer Pfeffer
25 g frisch geriebener Parmesan

In einem großen Topf Wasser mit etwas Salz zum Kochen bringen. Den Backofen auf 210 °C (190 °C Umluft) vorheizen. Die Makkaroni ins Wasser geben, kurz umrühren und al dente garen. Abgießen und im Topf mit der Tomatensauce mischen. Die sonnengetrockneten Tomaten und den Gruyère unterheben. In eine ovale Gratinform (30 cm lang) oder in Portionsformen füllen. Die Cocktailtomaten mit Öl, Salz und Pfeffer mischen und auf den Makkaroni verteilen. Mit dem Parmesan bestreuen. 30–35 Minuten überbacken, bis die Kruste goldbraun ist.

REICH AN VITAMIN D | ENTHÄLT VITAMIN A, E, KALZIUM, PHOSPHOR
1 Portion enthält: 2146 kJ / 513 kcal | Fett: 26,6 g | davon gesättigte Fette: 10,2 g | Kohlenhydrate: 47,1 g | davon Zucker: 6,6 g | Eiweiß: 19,1 g | Salz: 1,9 g

LANGSAME VERSION

1 kg Strauchtomaten, geviertelt
30 g Butter
4 Esslöffel natives Olivenöl extra
Meersalz, schwarzer Pfeffer
300 g Makkaroni
75 g sonnengetrocknete Tomaten, grob gehackt
200 g Comté, in feine Streifen geschnitten
150 g Cocktailtomaten, geviertelt
25 g frisch geriebener Parmesan

Die Tomaten in einem mittelgroßen Topf abgedeckt bei schwacher Hitze 20–30 Minuten, garen. Gelegentlich umrühren. Durch ein Sieb streichen oder mit der flotten Lotte passieren und wieder in den Topf geben. Die Butter, 3 Esslöffel Olivenöl und etwas Salz und Pfeffer zugeben. Zum Kochen bringen, dann ohne Deckel bei sehr schwacher Hitze 35–40 Minuten köcheln, bis die Sauce eindickt. Gegen Ende der Garzeit häufiger umrühren. Die Sauce kann gut vorbereitet werden.

In einem großen Topf Wasser mit etwas Salz zum Kochen bringen. Den Backofen auf 210 °C (190 °C Umluft) vorheizen. Die Makkaroni ins Wasser geben, kurz umrühren und al dente garen. Abgießen und im Topf mit der Tomatensauce mischen. Die sonnengetrockneten Tomaten und den Comté unterheben. In eine ovale Gratinform (30 cm lang) oder in Portionsformen füllen. Die Cocktailtomaten mit Öl, Salz und Pfeffer mischen und auf den Makkaroni verteilen. Mit dem Parmesan bestreuen. 30–35 Minuten überbacken, bis die Kruste goldbraun ist.

ENTHÄLT VITAMIN A, E, C, KALZIUM, PHOSPHOR
1 Portion enthält: 1962 kJ / 469 kcal | Fett: 23,7 g | davon gesättigte Fette: 10,9 g | Kohlenhydrate: 42,4 g | davon Zucker: 7,1 g | Eiweiß: 19,3 g | Salz: 0,9 g

RICCIOLI MIT ZITRONE UND CHILI

Riccioli heißt eine Pastasorte in hübscher Korkenzieherform, Sie können aber auch andere dünne Nudeln für dieses Rezept verwenden. Die köstliche Sauce ist schnell zubereitet. Parmesan hat hier eine Doppelfunktion: Er gibt der Sauce Geschmack und macht sie schön sämig.

Für 4 Portionen

Saft und fein abgeriebene Schale von 1 Biozitrone
2 Teelöffel fein gehackter mittelscharfer roter Chili
6 Esslöffel natives Olivenöl extra
Meersalz
6 Esslöffel grob gehackte glatte Petersilie
75 g frisch geriebener Parmesan, plus etwas mehr zum Servieren
400 g Riccioli oder andere dünne Nudeln

In einem großen Topf Wasser mit etwas Salz zum Kochen bringen. Zitronenschale und -saft, Chili und Olivenöl in einer großen Schüssel mit etwas Salz verrühren, dann Petersilie und Parmesan unterrühren. Die Pasta ins kochende Wasser geben, kurz durchrühren und nach Packungsanweisung al dente garen. In einen Durchschlag abgießen, aber nicht zu trocken werden lassen. Sofort in die Sauce geben und umrühren. Mit Parmesan bestreuen und servieren.

KOCHWASSER Nach dem Abgießen trocknet Pasta schnell aus. Etwas Flüssigkeit ist aber wichtig, damit die Sauce gut an den Nudeln haftet. Die Pasta darf darum nicht zu lange abtropfen. Sie können auch eine halbe Tasse Kochwasser auffangen und langsam zugeben, während Sie die Pasta mit der Sauce mischen.

REICH AN VITAMIN K, C, JOD | ENTHÄLT VITAMIN A, B12, KALZIUM, PHOSPHOR, ZINK, MANGAN, SELEN
1 Portion enthält: 2151 kJ / 514 kcal | Fett: 24,8 g | davon gesättigte Fette: 6 g | Kohlenhydrate: 53,8 g | davon Zucker: 2,2 g | Eiweiß: 18,3 g | Salz: 0,5g

LF FARFALLE MIT OFENTOMATEN UND GORGONZOLA

Eine Sauce im eigentlichen Sinn gibt es bei diesem Rezept nicht. Stattdessen werden Nudeln und Gemüse mit Gorgonzola gemischt, der durch die Wärme schmilzt. Servieren Sie dazu einen grünen Salat und Vollkornbrot zum Aufnehmen des Tomatensafts.

Für 4 Portionen

600 g Romatomaten
5 Esslöffel natives Olivenöl extra
1 Esslöffel Balsamessig
300 g Farfalle oder Penne
150 g Gorgonzola, in 1 cm dicke Würfel geschnitten
1 große Handvoll Basilikumblätter, in Stücke gezupft
schwarzer Pfeffer

Den Backofen auf 260 °C (240 °C Umluft) vorheizen. Die Tomaten in einen großen Bräter geben. Mit 2 Esslöffeln Öl und dem Essig beträufeln und 10 Minuten backen. Inzwischen in einem großen Topf Wasser mit etwas Salz zum Kochen bringen. Die Pasta zugeben, kurz durchrühren und gemäß Packungsanweisung al dente garen. In einem Durchschlag abgießen. Die restlichen Zutaten in den Bräter geben, Nudeln und etwas Pfeffer zufügen und alles vermengen. 1 Minute im Ofen erhitzen, bis der Käse schmilzt.

ENTHÄLT VITAMIN C, PHOSPHOR
1 Portion enthält: 2113 kJ / 505 kcal | Fett: 28,5 g | davon gesättigte Fette: 9,9 g | Kohlenhydrate: 44,2 g | davon Zucker: 5,4 g | Eiweiß: 16,9 g | Salz: 1,7 g

LF BULGUROTTO MIT SPINAT UND SARDELLEN

Aus Bulgur kann man wunderbares »Risotto« kochen. Dieses wird mit reichlich Knoblauch, Chili und Sardellen pikant gewürzt. Es schmeckt hervorragend zu Lammkoteletts: 8 Lammkoteletts mit je 2 Esslöffeln Zitronensaft und nativem Olivenöl und 1 Esslöffel Thymianblättchen 1 Stunde marinieren. Eine Grillpfanne stark vorheizen, dünn einölen und die Koteletts von jeder Seite 2 Minuten braten. Wer das Risotto lieber etwas trockener mag, verwendet nur 1 Liter Brühe.

Für 4 Portionen

1 Esslöffel natives Olivenöl extra
25 g Butter
4 Knoblauchzehen, abgezogen und fein gehackt
1 gehäufter Teelöffel fein in Scheiben geschnittener roter Chili
8 Sardellenfilets, in Streifen geschnitten
300 g Bulgur
150 ml Weißwein
1,2 Liter Geflügelbrühe
5 Cocktailtomaten, geviertelt
300 g zarte Spinatblätter, geputzt
2 Frühlingszwiebeln, geputzt und in 5 cm lange Streifen geschnitten (nach Belieben)
Zitronenspalten, zum Servieren

Den Backofen auf 200 °C (180 °C Umluft) vorheizen. Olivenöl und Butter in einem großen gusseisernen Bräter auf dem Herd auf mittlerer Stufe erhitzen. Knoblauch, Chili und Sardellen darin anbraten, bis die Mischung duftet und die Sardellen zerfallen. Den Bulgur zugeben und 1 Minute unter ständigem Rühren erhitzen, bis er fettig glänzt. Den Wein zugießen und kochen, bis der Bulgur ihn aufgesogen hat. Die Brühe zugeben, auf dem Herd zum Kochen bringen, dann mit aufgelegtem Deckel im Backofen 20 Minuten garen.

Tomatenviertel und Spinat unterheben und weitere 5 Minuten im Ofen garen. Zum Servieren nach Belieben mit Frühlingszwiebeln bestreuen. Zitronenspalten separat dazu reichen.

REICH AN VITAMIN K | ENTHÄLT VITAMIN A

1 Portion (ohne Lammkoteletts) enthält: 1707 kJ / 408 kcal | Fett: 10,8 g | davon gesättigte Fette: 3,8 g | Kohlenhydrate: 57,7 g | davon Zucker: 2,3 g | Eiweiß: 12,6 g | Salz: 2 g

FLEISCH UND SAUCE: GEBRATEN, GEGRILLT & GESCHMORT

MEXIKANISCHER HÄHNCHENTOPF MIT PAPRIKA

Der Ancho-Chili gibt diesem saftigen Hähnchengericht mit viel Paprika seine rauchige Note. Zu dem pikanten Geschmack ist saure Sahne das perfekte Gegengewicht: Sie ist erfrischend und säuerlich-mild, aber nicht zu fett.

Für 4 Portionen

FÜR DEN HÄHNCHENTOPF

1 getrockneter Ancho (Chili)
1,4–1,6 kg Freilandhähnchenkeulen
Meersalz, schwarzer Pfeffer
2 Esslöffel natives Olivenöl extra
1 große Zwiebel, abgezogen und gehackt
2 rote Spitzpaprika, geputzt und in 5–7 cm lange Streifen geschnitten
3 Knoblauchzehen, abgezogen und in feine Scheiben geschnitten
1 Teelöffel Paprikapulver edelsüß
1 Teelöffel gemahlener Kreuzkümmel
1 Teelöffel gerebelte Minze oder Oregano
400 g gehackte Tomaten aus der Dose

ZUM SERVIEREN

4 Teelöffel saure Sahne
1 Avocado, geviertelt
Koriander

Den Chili in einer kleinen Schüssel mit kochendem Wasser bedecken und 20 Minuten einweichen. Nach der Hälfte der Zeit wenden. Abtropfen lassen, das Innere herausziehen und grob hacken, dabei die Kerne entfernen. Beiseitestellen.

Einen großen gusseisernen Bräter auf mittlerer Stufe erhitzen. Die Hähnchenkeulen rundherum mit Salz und Pfeffer einreiben. 1 Esslöffel Öl in den Bräter geben und die Hähnchenteile darin portionsweise von beiden Seiten hellbraun anbraten. In eine Schüssel legen und beiseitestellen. Das Fett aus dem Bräter gießen. Das restliche Öl in den Bräter geben. Zwiebel und Paprika bei mittlerer bis schwacher Hitze 6–8 Minuten unter gelegentlichem Rühren hell anbräunen. Knoblauch, Gewürze, Minze oder Oregano und Chili zugeben und einige Minuten mitgaren, bis die Mischung duftet. Die Tomaten zugeben. Die Hähnchenteile in die Sauce legen; sie sollen nahezu bedeckt sein. Mit Deckel bei schwacher Hitze 1 Stunde köcheln, nach der Hälfte der Zeit die Hähnchenteile wenden.

Das Fleisch auf vorgewärmte Teller legen. Das Fett von der Sauce abschöpfen. Die Sauce abschmecken und, falls nötig, noch etwas einkochen. Über das Fleisch gießen. Mit einem Klecks saurer Sahne, Avocado und Koriander anrichten.

ENTHÄLT VITAMIN C, B3

1 Portion enthält: 2286 kJ / 546 kcal | Fett: 35,3 g | davon gesättigte Fette: 9,1 g | Kohlenhydrate: 12,8 g | davon Zucker: 9,3 g | Eiweiß: 42,2 g | Salz: 0,4 g

BRATHÄHNCHEN MIT CIDRESAUCE

In meiner Kindheit gab es zu Brathähnchen immer eine große Schüssel mit sahniger Sauce. Diese Version ist nicht so üppig. Ein bisschen Crème fraîche genügt, um die Mischung aus Cidre und Bratensaft in eine sehr feine Sauce zu verwandeln.

Für 4 Portionen

FÜR DAS BRATHÄHNCHEN

1 Freilandhähnchen (ca. 1,6 kg)
25 g weiche Butter
Meersalz, schwarzer Pfeffer
1 Esslöffel zarte Thymianblättchen
200 ml Cidre brut
50 g Crème fraîche
1 Teelöffel Mehl, vermischt mit 1 Teelöffel weicher Butter

FÜR DIE GEMÜSEBEILAGE

1 Kochapfel, z. B. Boskop, geschält, geviertelt, entkernt und in 1 cm dicke Würfel geschnitten
1 Spritzer Zitronensaft
15 g Butter
1 Esslöffel Rapsöl
2 Schalotten, abgezogen, längs halbiert und quer in dünne Scheiben geschnitten
400–450 g Sprossbrokkoli, ersatzweise normaler Brokkoli, geputzt und in 1 cm dicke Scheiben geschnitten
1 Handvoll grob gehackte glatte Petersilie

Den Backofen auf 210 °C (190 °C Umluft) vorheizen. Das Hähnchen in einen passenden Bräter legen. Mit Butter bestreichen und mit Salz, Pfeffer und Thymian bestreuen. 50 Minuten im Ofen garen.

Etwa 15 Minuten bevor das Hähnchen fertig ist, die Beilage vorbereiten. Die Apfelwürfel in einer Schüssel mit Zitronensaft mischen. Butter und Öl in einem großen Topf bei mittlerer Temperatur erhitzen. Die Schalotten darin unter häufigem Rühren 1–2 Minuten glasig dünsten. Den Apfel zugeben und einige Minuten mitdünsten. Den Brokkoli zugeben, gut umrühren, salzen und pfeffern. 100 ml Wasser zugießen und abgedeckt 8–10 Minuten köcheln, bis der Brokkoli gar, aber noch bissfest ist. Zwischendurch einmal umrühren. Auf hoher Stufe ohne Deckel einige Minuten kochen, bis die Flüssigkeit verdampft ist. Abschmecken und die Petersilie unterrühren.

Das Hähnchen auf einer vorgewärmten Platte 15 Minuten ruhen lassen. Den dabei austretenden Bratensaft wieder in den Bräter gießen. Das Fett vom Sud abschöpfen, den Cidre zugeben und die Flüssigkeit auf die Hälfte einkochen. Dabei den Bodensatz vom Bräter losrühren. Die Crème fraîche zugeben die Sauce einige Minuten kochen. 100 ml Wasser zugeben, wieder aufkochen, dann die Mehlbutter zugeben und noch 1 Minute kochen. Die Sauce abschmecken und durch ein Sieb in eine Servierschüssel gießen. Das Hähnchen tranchieren und mit dem Brokkoli und der Sauce servieren.

REICH AN VITAMIN K | ENTHÄLT VITAMIN C

1 Portion enthält: 2474 kJ / 591 kcal | Fett: 42,9 g | davon gesättigte Fette: 16,1 g | Kohlenhydrate: 9,2 g | davon Zucker: 7,6 g | Eiweiß: 36,2 g | Salz: 0,4 g

HÄHNCHEN UND DINKEL IN BUTTERMILCHSAUCE

Die Attraktion dieses Rezepts ist die Buttermilchsauce. Chiasamen dicken jede Flüssigkeit ein. Man kennt das von Müsli und Smoothies, aber Chiasamen eignen sich auch für herzhafte Gerichte. Buttermilch allein wäre für eine Sauce zu dünnflüssig, aber mit ein paar Chiasamen sieht die Sache ganz anders aus – auch optisch.

Hähnchen und Gemüse werden zusammen gegart. Dadurch werden Lauch und Zwiebeln herrlich zart und geben gleichzeitig ihr Aroma an das Fleisch ab. Der Dinkel wird erst gegen Ende der Garzeit eingerührt.

Für 4 Portionen

FÜR DAS HÄHNCHEN MIT DINKEL
600 g geputzter Lauch, grob in Scheiben geschnitten
2 rote Zwiebeln, abgezogen, halbiert und in dünne Ringe geschnitten
6 Knoblauchzehen, abgezogen und längs halbiert
4 kleine Zweige Rosmarin
6–8 Esslöffel natives Olivenöl extra
Meersalz, schwarzer Pfeffer
150 g Perldinkel
4 Freilandhähnchenbrustfilets ohne Haut à 150–200 g
1 Esslöffel Zitronensaft, plus ein großzügiger Spritzer
Paprikapulver
4 Esslöffel grob gehackte glatte Petersilie

FÜR DIE BUTTERMILCHSAUCE
100 ml Buttermilch
30 g saure Sahne
1 kleine Knoblauchzehe, abgezogen und zerdrückt
Meersalz
1 gehäufter Teelöffel Chiasamen

Die Sauce sollte bereits am Vorabend zubereitet werden, damit die Chiasamen quellen können. Es macht aber nichts, wenn die Zeit dafür nicht reicht: Dann sind die Samen noch knackig. Buttermilch und saure Sahne in einer kleinen Schüssel verrühren, Knoblauch und etwas Salz sowie die Chiasamen untermischen. Abdecken und kalt stellen.

Den Backofen auf 210 °C (190 °C Umluft) vorheizen. Lauch, Zwiebeln, Knoblauch und Rosmarin in einem großen Bräter mit 4 Esslöffeln Öl und etwas Salz und Pfeffer vermengen. 30 Minuten im Ofen garen, nach der Hälfte der Zeit umrühren.

Kurz vor Ende der Garzeit Wasser mit etwas Salz in einem mittelgroßen Topf zum Kochen bringen. Den Dinkel darin 17–20 Minuten oder nach Packungsanweisung garen. In einem Sieb abtropfen lassen.

Falls nötig, die weißen Sehnen von den Unterseiten der Hähnchenbrustfilets entfernen. Das Fleisch in einer großen Schüssel in 2 Esslöffeln Öl und dem Zitronensaft wälzen, beide Seiten mit Salz und etwas Paprika würzen. Eine große, beschichtete Pfanne bei mittlerer Temperatur erhitzen und die Hähnchenbrustfilets in zwei Portionen hellbraun braten.

Das Gemüse umrühren, die Hähnchenbrustfilets hineinlegen und für weitere 15 Minuten in den Ofen schieben. Das Fleisch auf eine Platte legen. Den Rosmarin entfernen, den Dinkel mit dem Gemüse verrühren und nach Belieben mit etwas Olivenöl beträufeln. Salz, zusätzlichen Zitronensaft und Petersilie zugeben und umrühren. Das Fleisch mit der Gemüse-Dinkel-Mischung servieren. Die Buttermilchsauce separat dazu reichen.

ENTHÄLT VITAMIN K, B3, B6
1 Portion enthält: 2726 kJ / 651 kcal | Fett: 28,4 g | davon gesättigte Fette: 5,9 g | Kohlenhydrate: 39,2 g | davon Zucker: 11,6 g | Eiweiß: 53,8 g | Salz: 0,3 g

FLEISCHKLÖSSCHEN VOM HUHN MIT TAHINICREME

Dieses Rezept mit kurz geschmorten Zucchini und Frühlingszwiebeln ist ein leichtes Sommeressen. Sahnig wird es durch den Joghurt, und Tahini steuert eine ungewöhnliche Geschmacksnuance bei.

Für 4 Portionen

FÜR DIE FLEISCHKLÖSSCHEN

700 g Freilandhähnchenschenkel ohne Haut
4 Esslöffel fein gehackte glatte Petersilie
2 Schalotten, abgezogen und fein gehackt
Meersalz, schwarzer Pfeffer
4 Esslöffel natives Olivenöl extra

FÜR DIE TAHINICREME

50 g Tahini
50 g fettarmer griechischer Joghurt
2 Esslöffel Zitronensaft

FÜR DAS SCHMORGEMÜSE

750 g Zucchini, geputzt, längs halbiert und in dicke Scheiben geschnitten
250 g Frühlingszwiebeln, geputzt und gedrittelt
4 Knoblauchzehen, abgezogen und in dünne Scheiben geschnitten
70 ml Weißwein
2 Esslöffel Brühe, ersatzweise Wasser
1 Esslöffel Zitronensaft
10 g Dillspitzen, grob gehackt, plus etwas mehr zum Servieren
10 g Minzeblätter, grob gehackt, plus etwas mehr zum Servieren

Das Fleisch von den Knochen lösen, grob würfeln und wolfen. In einer Schüssel mit allen übrigen Zutaten für die Fleischklößchen, aber nur 1 Esslöffel vom Öl verkneten. Walnussgroße Klöße formen, auf einen Teller legen, abdecken und kalt stellen.

Tahini und Joghurt in einer kleinen Schüssel mit Zitronensaft und, falls erforderlich, etwas Wasser zu einer dickflüssigen Mischung verruhren. Leicht salzen. Abdecken und kalt stellen. Die Sauce kann gut vorbereitet werden.

1 Esslöffel Öl in einer großen, beschichteten Pfanne erhitzen und die Fleischklößchen darin portionsweise hellbraun anbraten.

Gleichzeitig 1 Esslöffel Öl auf hoher Stufe in einem großen gusseisernen Bräter erhitzen. Ein Drittel der Zucchini und Frühlingszwiebeln darin einige Minuten unter häufigem Rühren hell anbräunen. In eine Schüssel umfüllen und das restliche Gemüse ebenso bräunen, dabei jeweils etwas neues Öl in die Pfanne geben. 1 Minute vor Ende der Garzeit den Knoblauch einrühren.

Die Hitze reduzieren. Das ganze Gemüse in den Bräter geben und abschmecken. Die Fleischklößchen unterheben. Wein und Brühe zugießen, aufkochen, dann abgedeckt bei schwacher Hitze 10 Minuten köcheln.

Zitronensaft und Kräuter unterrühren. Mit zusätzlichen Kräutern bestreuen und mit der Tahinicreme servieren.

TIPP: Wenn die Tahinicreme vorbereitet wird, muss sie vor dem Servieren eventuell noch einmal mit etwas Wasser verdünnt werden.

ENTHÄLT VITAMIN K, C, FOLSÄURE

1 Portion enthält: 2236 kJ / 534 kcal | Fett: 29,3 g | davon gesättigte Fette: 6,4 g | Kohlenhydrate: 7,8 g | davon Zucker: 6,5 g | Eiweiß: 54 g | Salz: 0,2 g

HÄHNCHEN MIT ZA'ATAR UND AUBERGINENJOGHURT

Zu den pikanten, im Ofen gebackenen Hähnchenkeulen wird eine Sauce nach Art von Baba Ghanoush serviert. Ich finde es recht mühsam, die Auberginen auf dem Herd vorzugaren, darum schiebe ich sie einfach in den heißen Ofen. Sie schmecken dann nicht so rauchig, aber schließlich gibt es auch Schinken und Speck in geräucherten und ungeräucherten Varianten. Die Sauce wird durch den Joghurt herrlich cremig. Wer möchte, verwendet je zur Hälfte Vollfett- und Magerjoghurt. Wie so viele Gerichte aus dem Nahen Osten schmeckt auch dieses frisch aus dem Ofen ebenso gut wie lauwarm oder kalt.

Für 6 Portionen

FÜR DAS HÄHNCHEN

2 Biozitronen
150 ml natives Olivenöl extra
3 Knoblauchzehen, abgezogen und zerdrückt
1 rote Zwiebel, abgezogen und fein gehackt
2 gehäufte Teelöffel Za'atar
2 Zimtstangen, halbiert
1,8–2 kg Freilandhähnchenkeulen
Meersalz, schwarzer Pfeffer
50 g Pinienkerne

FÜR DEN AUBERGINENJOGHURT

500–700 g Auberginen
1 kleine oder ½ Knoblauchzehe, zerdrückt
150 g griechischer Joghurt
1 Esslöffel natives Olivenöl extra, plus einige Esslöffel mehr zum Servieren
1 Esslöffel Zitronensaft
2 Esslöffel fein gehackten Koriander oder glatte Petersilie, plus etwas mehr zum Servieren

Eine Zitrone in Scheiben schneiden, die Enden wegwerfen. Die andere Zitrone auspressen. Zitronensaft und Olivenöl mit Knoblauch, Zwiebel, Za'atar, Zimt und den Zitronenscheiben in einer großen Schüssel verrühren. Die Hähnchenkeulen hineinlegen, in der Marinade wenden und abgedeckt einige Stunden im Kühlschrank marinieren.

Den Backofen auf 220 °C (200 °C Umluft) vorheizen. Die Auberginen rundherum einstechen, damit sie nicht platzen, und 45–60 Minuten im Ofen garen, bis die Haut stellenweise schwarz und runzelig ist. Abkühlen lassen. Die Enden abschneiden, die Auberginen längs halbieren, das Fruchtfleisch mit einem Löffel aus der Schale schaben und grob würfeln (Schale wegwerfen). In ein Sieb geben und mit einem Esslöffel möglichst viel Flüssigkeit ausdrücken. Das Auberginenmus mit dem Knoblauch und etwas Salz im Mixer kurz pürieren. In eine Schüssel füllen. Joghurt, Olivenöl und Zitronensaft sowie Koriander oder Petersilie unterrühren. Mit etwas Öl beträufeln und mit zusätzlichen Kräutern bestreuen. Beiseitestellen.

Die Hähnchenkeulen mit Salz und Pfeffer würzen und mit der Haut nach oben nebeneinander in einen, falls erforderlich, in zwei Bräter legen. Mit der Marinade beträufeln und die Zitronenscheiben dazwischenschieben. 35 Minuten im Ofen goldbraun backen, nach 15 Minuten mit den Pinienkernen bestreuen. Das Fett abschöpfen und mit der Joghurtsauce servieren.

ENTHÄLT VITAMIN D, B_3, PHOSPHOR, SELEN

1 Portion enthält: 2893 kJ / 691 kcal | Fett: 49 g | davon gesättigte Fette: 11,3 g | Kohlenhydrate: 7,5 g | davon Zucker: 5,8 g | Eiweiß: 52,9 g | Salz: 0,5 g

HÄHNCHEN TIKKA MASALA

Das Geheimnis dieses Gerichts ist die Joghurtmarinade, der das Fleisch seine würzige, goldgelbe Kruste verdankt.

Für 4 Portionen

FÜR DAS HÄHNCHEN
4 Esslöffel Erdnuss- oder Rapsöl
1 Zwiebel, abgezogen und fein gehackt
3 Knoblauchzehen, abgezogen und zerdrückt
5-cm-Stück frische Ingwerwurzel, geschält und gerieben
1 Teelöffel Senfkörner
½ Teelöffel gemahlener Kreuzkümmel
1 Teelöffel Garam masala
½ Teelöffel Cayennepfeffer
100 g Tomatenmark
Meersalz
150 g Naturjoghurt
600 g Freilandhähnchenbrustfilets ohne Haut

FÜR DAS KRÄUTERÖL
je 10 g Koriander-, Minze- und Basilikumblätter
4 Esslöffel natives Olivenöl extra
1–2 Teelöffel Zitronen- oder Limettensaft
½ Teelöffel gehackter mittelscharfer grüner Chili
½ Teelöffel gehackte Schalotte
Meersalz

ZUM SERVIEREN
4 große oder 8 kleine Wraps, erwärmt
½ Gurke, in dünne Scheiben geschnitten
100 g saure Sahne
2 Frühlingszwiebeln, geputzt und in Ringe geschnitten
grob gehackter Koriander

Für die Marinade 2 Esslöffel Öl bei mittlerer Temperatur in einer großen Pfanne erhitzen. Die Zwiebel darin unter häufigem Rühren 3–4 Minuten hell anbräunen. Knoblauch und Ingwer zugeben und 1 Minute mitgaren. Alle Gewürze zufügen und erhitzen, bis sie zu duften beginnen. Tomatenmark und etwas Salz unterrühren und 1 Minute mitgaren. Die Mischung in einem Mixer mit dem Joghurt zu einer Paste verarbeiten. Abkühlen lassen.

Falls nötig, die weißen Sehnen von den Hähnchenbrustfilets entfernen. Das Fleisch in einer großen Schüssel mit der Marinade mischen, abdecken und einige Stunden kalt stellen.

Alle Zutaten für das Kräuteröl in einem Mixer pürieren. Abdecken und bis zur weiteren Verwendung kalt stellen.

Den Grill auf mittlerer bis hoher Stufe vorheizen. Etwas Marinade vom Fleisch abschaben, es soll nur dünn bedeckt sein. Die Fleischstücke salzen und pfeffern und mit den restlichen 2 Esslöffeln Öl beträufeln. Nebeneinander in einen großen Bräter legen und von jeder Seite 6–8 Minuten grillen, bis die Spitzen dunkelbraun sind und sich das Fleisch fest anfühlt. Mit allen Beilagen servieren, sodass die Gäste ihre Wraps selbst bestücken können. Eventuell das Fleisch vorher in Streifen oder dünne Scheiben schneiden.

ENTHÄLT VITAMIN B12, PHOSPHOR
1 Portion enthält: 2148 kJ / 513 kcal | Fett: 26,1 g | davon gesättigte Fette: 7,9 g | Kohlenhydrate: 35 g | davon Zucker: 6 g | Eiweiß:33,1 g | Salz: 0,6 g

PERLHUHN MIT CHILI-AVOCADO-DIP

Genau richtig für einen kalten Winterabend: zartes Hühnchen, gewürzt mit viel Koriander und Chili, zu einer milden Sauce nach Art einer Guacamole.

Für 4 Portionen

FÜR DAS PERLHUHN
3 mittelgroße Karotten, geputzt, geschält und in dicke Scheiben geschnitten
2 Pastinaken, geputzt, geschält und in dicke Scheiben geschnitten
2 Stangen Lauch, geputzt und in dicke Scheiben geschnitten
200 g Blumenkohlröschen
1 rote Zwiebel, abgezogen und in dünne Spalten geschnitten
8 Knoblauchzehen, nicht abgezogen
1 mittelscharfer roter Chili
2 Lorbeerblätter
4 Esslöffel natives Olivenöl extra
Meersalz, schwarzer Pfeffer
1 Perlhuhn (1,2–1,5 kg)

FÜR DEN CHILI-AVOCADO-DIP
1 große Handvoll Korianderblätter
1 große Handvoll Minzeblätter
2 Frühlingszwiebeln, geputzt und gehackt
Fruchtfleisch von 2 Avocados
100 g Ricotta
2 Esslöffel Limettensaft

Den Backofen auf 210 °C (190 °C Umluft) vorheizen. Karotten, Pastinaken, Lauch, Blumenkohl, Zwiebel, Knoblauch, Chili und Lorbeerblätter in einen Bräter legen, der groß genug ist, um später auch noch das Perlhuhn aufzunehmen. Mit 3 Esslöffeln Olivenöl und etwas Salz und Pfeffer mischen. Das Perlhuhn in die Mitte geben und mit dem restlichen Öl beträufeln. Salzen und pfeffern. 45 Minuten im Ofen garen, nach der Hälfte der Zeit das Gemüse durchrühren.

Inzwischen für den Dip Kräuter und Frühlingszwiebeln im Mixer hacken. Das Avocadofruchtfleisch zugeben und nochmals kurz mixen. Den Ricotta zufügen und alles zu einer cremigen Masse verarbeiten. Mit Limettensaft und etwas Salz abschmecken. Abdecken und kalt stellen.

Das Perlhuhn auf eine vorgewärmte Platte legen und 20 Minuten ruhen lassen. Das Gemüse durchrühren und weitergaren, bis es goldbraun ist. Die Kerne aus dem Chili entfernen, das Fruchtfleisch hacken und die Hälfte davon unter die Sauce rühren. Nach Geschmack mehr Chili zugeben. Das Perlhuhn tranchieren und mit dem Gemüse und dem Dip servieren. Die gegarten Knoblauchzehen können beim Essen aus der Schale gedrückt werden.

ENTHÄLT VITAMIN A, B3
1 Portion enthält: 2371 kJ / 638 kcal | Fett: 36,6 g | davon gesättigte Fette: 5,7 g | Kohlenhydrate: 21 g | davon Zucker: 12,8 g | Eiweiß: 50,1 g | Salz: 0,4 g

TÜRKISCHER HÄHNCHENTOPF MIT SUMACHJOGHURT

Viele frische Kräuter, Orangensaft und Spargel sind eine ungewöhnliche, aber köstliche Ergänzung zum Hähnchenfleisch. Statt schwerer Sauce gibt es dazu erfrischenden Joghurt, der durch Sumach ein zartes Zitronenaroma bekommt.

Für 4 Portionen

FÜR DEN HÄHNCHENTOPF

1,4–1,6 kg Freilandhähnchenschenkel
Meersalz, schwarzer Pfeffer
2 Esslöffel natives Olivenöl extra
3 Stangen Lauch, geputzt und in dicke Scheiben geschnitten
3 Knoblauchzehen, abgezogen und in dünne Scheiben geschnitten
1 Zimtstange
1 Teelöffel gemahlener Piment
2 lange Streifen Bio-Orangenschale, mit einem Sparschäler abgezogen
1 mittelscharfer roter Chili
150 ml milder Orangensaft
150 ml Weißwein
300 g dünner Spargel, geputzt, in 2–3 cm lange Stücke geschnitten
1 große Handvoll grob gehackte Minze
1 große Handvoll grob gehackter Koriander, plus etwas mehr zum Bestreuen

FÜR DEN SUMACHJOGHURT

150 g fettarmer griechischer Joghurt
50 g saure Sahne
1 gehäufter Teelöffel Sumach
1 Spritzer Zitronensaft

Den Backofen auf 170 °C (150 °C Umluft) vorheizen. Einen großen gusseisernen Bräter auf mittlerer Stufe erhitzen. Das Fleisch rundherum mit Salz und Pfeffer einreiben. 1 Esslöffel Öl in den Bräter geben und das Fleisch portionsweise von beiden Seiten hellbraun anbraten. In eine Schüssel legen. Das Fett aus dem Bräter abgießen. Den verbleibenden Esslöffel Öl hineingeben, die Hitze etwas reduzieren und den Lauch darin unter häufigem Rühren glasig dünsten. Knoblauch, Zimt, Piment, Orangenschale und Chili zugeben und noch 1 Minute dünsten, bis die Gewürze duften. Orangensaft und Wein zugießen. Die Hähnchenschenkel in die Sauce legen, sie sollen etwa zur Hälfte bedeckt sein. Abgedeckt im Backofen 1 Stunde garen, nach der Hälfte der Zeit die Hähnchenschenkel wenden.

Alle Zutaten für den Sumachjoghurt mit etwas Salz in einer kleinen Schüssel verrühren.

Das Fleisch in eine Schüssel legen und mit Alufolie abdecken. Das Fett vom Bratensud abschöpfen. Orangenschale, Chili und Zimtstange entfernen. Die Flüssigkeit aufkochen und den Spargel darin 7–10 Minuten garen, die Sauce kocht dabei etwas ein. Mit Salz und Pfeffer abschmecken. Minze und Koriander einrühren, dann die Sauce über das Fleisch gießen. Einen Klecks Sumachjoghurt daraufsetzen und mit Koriander bestreuen. Den restlichen Joghurt separat dazu reichen.

ENTHÄLT VITAMIN B3

1 Portion enthält: 2378 kJ / 568 kcal | Fett: 37,7 g | davon gesättigte Fette: 12,7 g | Kohlenhydrate: 11,3 g | davon Zucker: 10 g | Eiweiß: 37,5 g | Salz: 0,4 g

WOLFSBARSCH MIT KAPERNSAUCE

Joghurt und saure Sahne, wie schon im vorherigen Rezept, passen großartig zusammen: herrlich cremig, aber nicht zu fett. Mit den weiteren Zutaten – Essiggurken und Kapern – rückt die Sauce in die Nähe der Sauce tartare, einer klassischen Ergänzung zu Fisch.

Die Kombination aus mildem Wolfsbarsch, knusprigem Schinken und pikanten Artischocken ist so köstlich, dass es fast schade wäre, dazu noch ein anderes Gemüse zu servieren. Lieber einen frischen Salat vorweg oder danach!

Für 4 Portionen

FÜR DIE KAPERNSAUCE

30 g saure Sahne
100 g fettarmer griechischer Joghurt
1 Esslöffel kleine Kapern, abgespült und fein gehackt
1 Esslöffel Essiggurken, abgespült und fein gehackt
1 gehäufter Esslöffel fein gehackte glatte Petersilie, plus etwas mehr grob gehackte Petersilie, zum Servieren

FÜR DEN FISCH

2 Esslöffel natives Olivenöl extra
4 Wolfsbarschfilets à 125–150 g
Meersalz, schwarzer Pfeffer
150 g Artischockenherzen in Öl, in Stücke geschnitten und auf Küchenpapier abgetropft
4–6 Scheiben Parma- oder anderer luftgetrockneter Schinken, längs halbiert
1 Zitrone, in Scheiben geschnitten, die Enden wegwerfen

Alle Zutaten für die Sauce in einer kleinen Schüssel verrühren. Abdecken und beiseitestellen. Die Sauce kann gut vorbereitet werden.

Den Backofen auf 240 °C (220 °C Umluft) vorheizen. Etwas Öl auf den Boden eines Bräters träufeln, der groß genug ist, um die Fischfilets nebeneinander mit etwas Abstand hineinzulegen. Eine große, beschichtete Pfanne stark erhitzen. Die Haut der Wolfsbarschfilets in Abständen von 3–4 cm schräg einritzen. Die Fischfilets von beiden Seiten salzen, pfeffern und mit Öl bestreichen. Die Hautseite in der Pfanne 1–2 Minuten goldbraun braten, dann die Fischfilets mit der Haut nach oben in den Bräter legen.

Die Artischockenherzen auf und zwischen den Filets verteilen. Mit den Schinkenscheiben belegen. Mit etwas Öl beträufeln und 10 Minuten im Ofen garen. Mit Petersilie bestreuen und servieren. Die Sauce und die Zitronenscheiben separat dazu reichen.

REICH AN VITAMIN B_{12}, PHOSPHOR

1 Portion enthält: 1130 kJ / 270 kcal | Fett: 12,3 g | davon gesättigte Fette: 2,9 g | Kohlenhydrate: 3,2 g | davon Zucker: 3,2 g | Eiweiß: 34,7 g | Salz: 1 g

STAUB

LF GARNELENCURRY MIT TAMARINDE UND GURKEN-RAITA

Tamarinde gibt der Tomatensauce mit Ingwer, Knoblauch und Minze eine erfrischend säuerliche Note. Es gibt viele Rezepte für Raita, aber die beste Zutat ist Gurke, weil sie ein gutes Gegengewicht zur Schärfe von Curry setzt. Diese Raita kann auch als Alternative zu einem Salat serviert werden. Das Curry schmeckt zu dünnen Nudeln oder Reis.

Für 4 Portionen

FÜR DAS CURRY

25 g Tamarindenmark, zerbröckelt
4 Esslöffel kochend heißes Wasser
4 Esslöffel Pflanzenöl
3 Schalotten, abgezogen und fein gehackt
1 Esslöffel fein gehackte Ingwerwurzel
3 Knoblauchzehen, abgezogen und fein gehackt
400 g gehackte Tomaten aus der Dose
1 Esslöffel thailändische Fischsauce
1½ Teelöffel Zucker
¼ Teelöffel Cayennepfeffer
Meersalz
400 g rohe Riesengarnelen ohne Schale
1 Handvoll kleine Minzeblätter
1 mittelscharfer roter Chili, Samen entfernt, in dünne Ringe geschnitten
gegarter Reis oder Nudeln, zum Servieren

Den Backofen auf 220 °C (200 °C Umluft) vorheizen. Das Tamarindenmark in einer kleinen Schüssel mit dem heißen Wasser bedecken und 20 Minuten beiseitestellen, zwischendurch mehrmals umrühren. 2 Esslöffel Öl in einem Topf auf mittlerer Stufe erhitzen. Schalotten, Ingwer und Knoblauch darin einige Minuten unter häufigem Rühren weich dünsten. Das Tamarindenmark durch ein Sieb in den Topf streichen. Der faserige Rückstand im Sieb wird nicht verwendet. Tomaten, Fischsauce, Zucker, Cayennepfeffer und etwas Salz zugeben. Zum Kochen bringen, dann bei schwacher Hitze etwa 20 Minuten köcheln, bis die Sauce sämig ist. Die Sauce kann gut vorbereitet werden.

Die Garnelen, die Hälfte der Minze und die Chiliringe in die Sauce rühren, dann in eine Gratinform (ca. 30 × 20 cm) füllen. Die Schicht soll nicht zu dick sein. Mit den restlichen 2 Esslöffeln Öl beträufeln und 10 Minuten im Ofen garen. Mit der restlichen Minze bestreuen und zu Reis oder Nudeln und der Raita servieren.

REICH AN VITAMIN B_{12}

1 Portion inklusive Beilage enthält: 1897 kJ / 453 kcal | Fett: 12,4 g | davon gesättigte Fette: 1,4 g | Kohlenhydrate: 60,3 g | davon Zucker: 5 g | Eiweiß: 24,1 g | Salz: 1,2 g

FÜR DIE GURKEN-RAITA

1 Gurke, Enden entfernt, geschält und in feine Scheiben geschnitten
Meersalz
250 g griechischer Joghurt
1 kräftige Prise Zucker
¼ Teelöffel Kreuzkümmelsamen oder gemahlener Kreuzkümmel
Paprikapulver (nach Belieben)

Die Gurkenscheiben in eine Schüssel legen, mit Salz bestreuen und 30 Minuten beiseitestellen. In einem Sieb abspülen, dann mit Küchenpapier trocken tupfen.

Joghurt, Zucker und etwas Salz in einer Schüssel verrühren. Die Gurke unterheben und in eine Servierschale füllen. Mit Kreuzkümmel und Paprika bestreuen.

1 Portion enthält: 385 kJ / 92 kcal | Fett: 6,5 g | davon gesättigte Fette: 4,2 g | Kohlenhydrate: 4,2 g | davon Zucker: 4 g | Eiweiß: 4 g | Salz: 0,1 g

GEMÜSE

LF ÜBERBACKENER BLUMENKOHL MIT KÄSE UND KORIANDER

Die Kombination aus mildem Blumenkohl und schmelzendem Käse ist köstlich, aber es geht auch ohne üppige weiße Sauce. Hier werden die Röschen im Backofen gegart und mit geschmolzenem Camembert serviert.

Die Temperatur ist etwas höher als zum Backen von Camembert eigentlich üblich, aber dabei kann schlimmstenfalls etwas geschmolzener Käse aus der Spanschachtel laufen, also kein Drama.

Für 4 Portionen

500 g kleine Blumenkohlröschen
1 rote Zwiebel, abgezogen, halbiert und quer in Ringe geschnitten
3 Esslöffel natives Olivenöl extra
1 Esslöffel Zitronensaft
Meersalz
1 gehäufter Teelöffel Koriandersamen, grob gemahlen
250 g Camembert in der Spanschachtel
2 große Handvoll Babyspinat, Feldsalat oder Brunnenkresse

Den Backofen auf 210 °C (190 °C Umluft) vorheizen. Den Blumenkohl in einer Schicht in einen Bräter legen. Die Zwiebel in einzelne Ringe zerteilen und untermischen. Mit Olivenöl und Zitronensaft beträufeln und umrühren. Salzen und mit dem Koriander bestreuen. 30 Minuten im Ofen garen, bis die Ränder goldbraun werden. Nach der Hälfte der Zeit einmal umrühren.

Wenn der Blumenkohl im Ofen ist, den Käse aus dem Wachspapier wickeln und wieder in die Spanschachtel legen. Die Schachtel mit Küchenschnur zubinden und 15–20 Minuten im Ofen backen.

Den Blumenkohl auf vier Teller verteilen. Den Camembert auf den Tisch stellen, den Deckel der Schachtel abnehmen und die Käserinde oben kreuzweise einschneiden. Den Blumenkohl mit dem Käse beträufeln und mit Salatblättern anrichten.

REICH AN VITAMIN C, FOLSÄURE | ENTHÄLT VITAMIN K, B_6
1 Portion enthält: 1357 kJ / 324 kcal | Fett: 23,9 g | davon gesättigte Fette: 10,4 g | Kohlenhydrate: 6,5 g | davon Zucker: 5,1 g | Eiweiß: 18,7 g | Salz: 1 g

LF MAISKOLBEN MIT LIMETTE UND STERNANISBUTTER

Maiskolben und zerlassene Butter gehören einfach zusammen. Probieren Sie einmal Ziegenbutter. Sie ist nicht überall erhältlich, schmeckt aber ganz wunderbar. Hier wird sie mit etwas Limettensaft aromatisiert und bildet einen interessanten Kontrast zu den süßen Maiskörnern.

Für 3 Portionen (als leichte Mahlzeit)

50 g gesalzene Butter (möglichst aus Ziegenmilch)
2 Sternanise
fein abgeriebene Schale von 1 Biolimette
6 halbe Maiskolben
1 Esslöffel Limettensaft
1 Esslöffel fein gehackter mittelscharfer roter Chili
2 Esslöffel fein gehackter Koriander

Die Butter in einem kleinen Topf mit Sternanisen und Limettenschale langsam zerlassen. Beiseitestellen, damit sich die Aromen verbinden. In einem großen Topf Wasser mit etwas Salz zum Kochen bringen. Die Maiskolben darin 5–8 Minuten garen. In einem Durchschlag abtropfen lassen.

Die Butter leicht erhitzen. Limettensaft, Chili und Koriander einrühren. Die Maiskolben in der Butter wenden, dann anrichten und mit der restlichen Butter beträufeln.

GEGRILLT Während die Maiskolben abtropfen, eine Grillpfanne erhitzen. Die Maiskolben rundum bei starker Hitze grillbraten, bis die Körner dunkel werden.

1 Portion enthält: 1022 kJ / 244 kcal | Fett: 16 g | davon gesättigte Fette: 8,9 g | Kohlenhydrate: 19,2 g | davon Zucker: 2,6 g | Eiweiß: 4,5 g | Salz: 0,3 g

LF BLUMENKOHLREIS MIT SAFRAN

In der Low-Carb-Küche werden Reis oder Couscous gern durch fein gehackten Blumenkohl ersetzt. Dieses Rezept hat eine orientalische Note und passt gut zu einem scharfen Ragout oder Curry. Es schmeckt aber auch solo mit einem Klecks Joghurt. Gehaltvoller wird es, wenn Sie gegarte grüne Linsen unterrühren.

Für 4 Portionen

400 g Blumenkohlröschen
Meersalz
etwa 20 Safranfäden, gemahlen und mit 1 Teelöffel kochend heißem Wasser verrührt
25 g geröstete Mandelblättchen
50 g Rosinen
4 Esslöffel grob gehackter Koriander
15 g gesalzene Butter
Schafsmilch- oder ein anderer cremiger Joghurt, zum Servieren (nach Belieben)

Die Strünke der Blumenkohlröschen abschneiden, dann die Röschen in kleinen Portionen im Mixer zerkleinern, bis die Konsistenz an Reis erinnert. Einen Dämpfeinsatz in einen großen Topf mit schwach köchelndem Wasser hängen und den zerkleinerten Blumenkohl in einer dicken Schicht hineingeben. Salzen. Abgedeckt 7 Minuten garen, dann ungleichmäßig mit der Safranflüssigkeit beträufeln. Abgedeckt 5 Minuten ruhen lassen.

Den Blumenkohl in eine Schale geben. Mandeln, Rosinen und Koriander unterrühren und Butterflöckchen daraufsetzen. Sie können dazu einen Klecks cremigen Joghurt servieren.

REICH AN VITAMIN C | ENTHÄLT VITAMIN B6, FOLSÄURE, KALIUM, MANGAN

1 Portion enthält: 603 kJ / 144 kcal | Fett: 7,6 g | davon gesättigte Fette: 2,4 g | Kohlenhydrate: 11,8 g | davon Zucker: 11,1 g | Eiweiß: 5,8 g | Salz: 0,1 g

LF GEBACKENER SPARGEL MIT MARCONAMANDELN

Spargel wird traditionell mit zerlassener Butter serviert, und das ist auch sehr lecker, aber probieren Sie einmal diese Version: blanchiert, mit Olivenöl verfeinert und mit Muskatnuss und Safran gewürzt. Mandeln, am edelsten sind spanische Marconamandeln, runden das Rezept ab.

Für 2 Portionen

500 g Spargel, dicke Stangen
etwa 20 Safranfäden, gemahlen
1 Esslöffel Weißwein
25 g Butter
1 Esslöffel natives Olivenöl extra
½ Teelöffel frisch gemahlene Muskatnuss
1 Prise Cayennepfeffer
Meersalz
1 Esslöffel geröstete Marconamandeln, fein gehackt
1 Esslöffel fein gehackte glatte Petersilie
Vollkorn- oder helles Fladenbrot, erwärmt, zum Servieren

Den Backofen auf 240 °C (220 °C Umluft) vorheizen. Die holzigen Enden der Spargelstangen abschneiden. Safran und Weißwein verrühren, dann mit Butter, Olivenöl, Muskatnuss, Cayennepfeffer und etwas Salz in einem kleinen Topf erwärmen, bis die Butter schmilzt. Den Spargel in einen großen Bräter legen, mit der Buttermischung beträufeln und 20 Minuten im Ofen garen, bis der Spargel hell gebräunt ist.

Den Spargel auf Serviertellern verteilen, mit der Butter übergießen und mit Mandeln und Petersilie bestreuen. Dazu Brot zum Aufnehmen der Butter servieren.

REICH AN FOLSÄURE | ENTHÄLT VITAMIN K, C

1 Portion (ohne Brot) enthält: 1160 kJ / 277 kcal | Fett: 22,5 g | davon gesättigte Fette: 8,3 g | Kohlenhydrate: 5,7 g | davon Zucker: 5,1 g | Eiweiß: 9 g | Salz: 0,2 g

ERBSEN-PARMESAN-BRATLINGE

So müssen Bratlinge sein: klein, dünn und außen knusprig! Ich serviere sie gern mit grünem Blattsalat und Parmesan. Übrigens auch lecker für unterwegs: als Belag auf einem Brötchen mit Butter.

Für 4 Portionen / Ergibt etwa 8 Stück

FÜR DIE BRATLINGE

2 Esslöffel natives Olivenöl extra, plus etwas mehr zum Frittieren
Meersalz, schwarzer Pfeffer
½ Teelöffel Zucker
200 g frisch gepalte Erbsen
4 Freilandeier (Größe M)
1 Esslöffel Zitronensaft
75 g frisch geriebener Parmesan
4 Esslöffel grob gehackte glatte Petersilie, plus etwas mehr zum Servieren

SALAT (NACH BELIEBEN)

1 große Handvoll Blutampfer oder ein anderer Pflücksalat
1 Esslöffel natives Olivenöl extra
1 Spritzer Zitronensaft
1 Handvoll Parmesanspäne

In einem mittelgroßen Topf 2 Esslöffel Olivenöl mit 3 Esslöffeln Wasser, ½ Teelöffel Salz und dem Zucker auf hoher Stufe zum Kochen bringen. Die Erbsen zugeben und 3 Minuten bissfest garen. Zwischendurch umrühren.

Die Eier in einer großen Schüssel mit Zitronensaft, Salz und Pfeffer verquirlen. Geriebenen Parmesan, Erbsen und Petersilie unterheben. Das kann bereits einige Stunden vor dem Essen geschehen.

Eine große, beschichtete Pfanne stark erhitzen. 1 Teelöffel Öl hineingeben, dann mit einem Löffel Teigkleckse in die Pfanne setzen und zu Kreisen von 10 cm Durchmesser verstreichen. Von jeder Seite 1 Minute goldbraun braten. Aus der Pfanne nehmen und auf doppeltem Küchenpapier abtropfen lassen. Zum Braten der nächsten Teigportionen wieder ein wenig Öl in die Pfanne geben.

Den Blutampfer in einer Schüssel mit Olivenöl mischen, mit etwas Zitronensaft beträufeln und leicht salzen. Die Bratlinge auf vier Tellern verteilen, etwas Salat dazugeben, mit Parmesanspänen anrichten und nach Belieben noch mit etwas Öl beträufeln. Wenn Sie auf den Salat verzichten, bestreuen Sie die fertigen Bratlinge mit etwas Petersilie.

REICH AN VITAMIN K, C, B_1, B_{12}, FOLSÄURE, PHOSPHOR | ENTHÄLT VITAMIN A, BALLASTSTOFFE, KALZIUM, EISEN, ZINK, JOD

1 Portion enthält: 1001 kJ / 239 kcal | Fett: 16,2 g | davon gesättigte Fette: 5,9 g | Kohlenhydrate: 6,4 g | davon Zucker: 2 g | Eiweiß: 15,2 g | Salz: 0,5 g

GEBACKENE AUBERGINEN MIT ZIEGENKÄSE

Zu dicken, gebackenen Auberginenscheiben mit pikantem Ziegenkäse wird hier ein Pesto aus Rucola und Haselnüssen serviert. Als vegetarisches Hauptgericht werden vier Personen davon satt. Es passt aber auch hervorragend auf ein Antipastibuffet.

Für 4 Portionen

FÜR DIE AUBERGINEN

3–4 mittelgroße Auberginen, die Enden entfernt, in 2–3 cm dicke Scheiben geschnitten
2 Esslöffel natives Olivenöl extra
Meersalz, schwarzer Pfeffer
200–225 g mittelalte Ziegenkäserolle (Weichkäse), in 12 Scheiben geschnitten

FÜR DAS RUCOLAPESTO

3 Esslöffel natives Olivenöl extra, plus etwas mehr zum Servieren
25 g Rucola
25 g Brunnenkresse, plus 1 Handvoll zum Servieren
½ Knoblauchzehe, abgezogen
20 g geröstete Haselnüsse
1 Teelöffel Balsamessig, plus etwas mehr zum Servieren
1 Spritzer Zitronensaft

Den Backofen auf 210 °C (190 °C Umluft) vorheizen. Zwölf Auberginenscheiben aus dem dicksten Teil schneiden. Die Auberginenscheiben beidseitig mit Öl einpinseln, auf ein Backblech legen und mit wenig Salz bestreuen. 20 Minuten backen, dann wenden und weitere 15–20 Minuten garen, bis sie goldbraun sind.

Inzwischen alle Zutaten für das Pesto in einem Mixer fein zerkleinern. Mit etwas Salz und Pfeffer abschmecken.

Die Auberginenscheiben aus dem Ofen nehmen und den Backofengrill vorheizen. Auf jede Auberginenscheibe eine Scheibe Ziegenkäse legen und ½ Teelöffel Pesto in die Mitte geben. 1–3 Minuten grillen. Der Käse soll weich werden, aber nicht zerfließen. Mit Olivenöl und Balsamessig beträufeln und mit etwas Brunnenkresse anrichten.

TIPP: Das Pesto schmeckt noch nussiger, wenn Sie statt Olivenöl Haselnussöl verwenden.

1 Portion enthält: 1139 kJ / 272 kcal | Fett: 22,3 g | davon gesättigte Fette: 10,3 g | Kohlenhydrate: 3,8 g | davon Zucker: 3,4 g | Eiweiß: 12 g | Salz: 0,8 g

LF OFENKÜRBIS MIT TALEGGIO

Taleggio ist ein weicher Blauschimmelkäse aus der Lombardei. Er hat eine glatte, gewaschene Rinde mit leichtem Rosaton und duftet nach Heu und Obst. Wie Roquefort wird er zur natürlichen Reifung in Höhlen gelagert, in deren Klima sich der Edelschimmel gut entwickelt. Wenn er schmilzt, ist Taleggio herrlich seidig. In Italien serviert man ihn gern auf einem Bett aus Polenta.

Mit knusprigen Croûtons schmeckt dieses Gericht besonders gut. Sie können es aber auch zu großformatigen Nudeln (Conchiglie oder Rotelle) servieren.

Für 4 Portionen

FÜR DIE CROÛTONS

2 Scheiben altbackenes Weißbrot ohne Kruste, in 1 cm dicke Würfel geschnitten
2 Esslöffel natives Olivenöl extra
1 gehäufter Teelöffel Thymianblättchen

FÜR DEN OFENKÜRBIS

1 kg Butternusskürbis
4 Esslöffel natives Olivenöl extra
Meersalz, schwarzer Pfeffer
2 Stangen Lauch, geputzt und schräg in Scheiben geschnitten
3 Knoblauchzehen, abgezogen und in dünne Scheiben geschnitten
250 g Cocktailtomaten
1 Esslöffel Balsamessig
100 g Taleggio, Rinde entfernt, gewürfelt

Den Backofen auf 200 °C (180 °C Umluft) vorheizen. Die Brotwürfel in einer Schüssel mit Olivenöl und Thymian vermengen, dann auf einem Backblech verteilen und 12–15 Minuten goldbraun rösten. Abkühlen lassen.

Inzwischen den Kürbis quer halbieren, schälen und in 5–7 cm lange Spalten schneiden. Dabei die Kerne entfernen. Etwas Öl in einem großen, ofenfesten Bräter stark erhitzen. Den Kürbis hineingeben, salzen, pfeffern und goldbraun braten – wenigstens zwei von drei Seiten. In eine Schüssel umfüllen. 1 Esslöffel Öl in den Bräter geben. Den Lauch darin unter häufigem Rühren andünsten. Sobald er braun wird, den Knoblauch zugeben. Den Bräter vom Herd nehmen. Die Kürbisstücke untermischen, mit den Tomaten bestreuen, mit etwas Essig und Öl beträufeln und 30 Minuten im Ofen garen.

Mit den Käsewürfeln bestreuen und 2 Minuten im Ofen schmelzen lassen. Mit den Croûtons garniert servieren.

REICH AN VITAMIN A | ENTHÄLT VITAMIN C, FOLSÄURE

1 Portion enthält: 1671 kJ / 399 kcal | Fett: 25,7 g | davon gesättigte Fette: 7,7 g | Kohlenhydrate: 27,3 g | davon Zucker: 14,1 g | Eiweiß: 10,2 g | Salz: 1,2 g

LF GEFÜLLTE PAPRIKA MIT MANDELN UND ABONDANCE

Als Füllung für die Paprika werden edle Marconamandeln und Abondance verwendet. In diesen Rohmilchkäse aus der französischen Region Haute-Savoie habe ich mich vor Jahren verliebt, und ich freue mich, dass er heute auch bei uns in guten Geschäften zu bekommen ist. Er hat eine ähnlich angenehme Konsistenz wie Beaufort und andere Bergkäsesorten. Er schmilzt gut und ist mit seinem feinen Duft nach Obst, Blumen und Haselnüssen eleganter und dezenter als Gruyère.

Für 6 Portionen

6 rote und gelbe Paprika, geputzt, halbiert, Samen und Membrane entfernt
3 Esslöffel natives Olivenöl extra
Meersalz, schwarzer Pfeffer
1 Esslöffel Zitronenthymianblättchen oder fein gehackter Majoran
300 g Cocktailtomaten, grob zerkleinert
50 g geröstet Marconamandeln
120 g Abondance, in kleine Stücke geschnitten
1 Teelöffel Dijonsenf
1 Teelöffel Worcestershiresauce
1 Esslöffel Gin

Den Backofen auf 220 °C (200 °C Umluft) vorheizen. Die Paprikahälften in einen Bräter legen, mit 2 Esslöffeln Öl beträufeln, salzen und pfeffern. Im Öl wenden, sodass sie ölig glänzen, dann mit der Öffnung nach oben nebeneinanderlegen. Mit Thymian oder Majoran bestreuen. 20 Minuten backen, dann mit den Tomatenstücken füllen, mit dem restlichen Öl beträufeln und nochmals leicht salzen. Weitere 20 Minuten backen.

Inzwischen die Mandeln im Mixer grob mahlen. Käse, Senf, Worcestershiresauce und Gin zugeben und alles zu einer stückigen Paste verarbeiten. Abdecken und kalt stellen. Die Paste kann vorbereitet werden.

Die Käsemischung auf die Paprikahälften verteilen und 10–15 Minuten goldbraun überbacken. Sofort servieren.

REICH AN VITAMIN A, C | ENTHÄLT VITAMIN E, B_6

1 Portion enthält: 1043 kJ / 249 kcal | Fett: 17,9 g | davon gesättigte Fette: 5,7 g | Kohlenhydrate: 10,1 g | davon Zucker: 9,3 g | Eiweiß: 8,9 g | Salz: 0,5 g

GEBACKENE ROTE BETE MIT CHAVIGNOL

Im Backofen lassen sich Rote Beten ganz unkompliziert zubereiten. Sie eignen sich gut als Grundlage für einen gehaltvollen Salat, zum Beispiel mit Getreide oder gehackten Nüssen. Hier habe ich sie mit Chavignol kombiniert, einem mild-würzigen Ziegenkäse aus Frankreich. Dazu schmecken dicke Scheiben von frischem, kräftigem Bauernbrot.

Für 6 Portionen

600 g Rote Beten
4 Esslöffel natives Olivenöl extra
3 Teelöffel Thymianblättchen
Meersalz, schwarzer Pfeffer
2 Teelöffel Balsamessig
1 Esslöffel feine Schnittlauchröllchen
1 Schalotte, abgezogen und fein gehackt
2 mittelalte kleine Ziegenweichkäse, z. B. Crottin de Chavignol

Den Backofen auf 220 °C (200 °C Umluft) vorheizen. Die Roten Beten putzen und schälen, am besten mit Handschuhen. Etwas Olivenöl in die Hände träufeln und die Roten Beten damit einreiben. In einen kleinen Bräter legen, mit etwas Öl beträufeln und mit dem Thymian sowie etwas Salz und Pfeffer bestreuen. 40 Minuten im Ofen garen, dann vollständig abkühlen lassen.

Etwa 20 Minuten vor dem Servieren den Backofen auf 220 °C (200 °C Umluft) vorheizen. Die Roten Beten in Spalten schneiden, auf einer Servierplatte anrichten, mit etwas Öl und Essig beträufeln und mit Schnittlauch, gehackter Schalotte sowie Salz und Pfeffer bestreuen.

Die kleinen Ziegenkäselaibe in eine flache, ofenfeste Form legen und mit etwas Öl beträufeln. 10–12 Minuten backen, bis der Käse goldbraun und an den Rändern knusprig sind. Der Käse behält auch heiß die Form, wird innen aber schön weich. Zum Rote-Bete-Salat servieren.

REICH AN FOLSÄURE | ENTHÄLT MANGAN

1 Portion enthält: 1017 kJ / 243 kcal | Fett: 18,3 g | davon gesättigte Fette: 8,5 g | Kohlenhydrate: 8 g | davon Zucker: 7,2 g | Eiweiß: 10,5 g | Salz: 0,8 g

LF OFENGEMÜSE MIT HALLOUMI UND HARISSA

Gemüse aus dem Ofen kommt bei uns oft auf den Tisch, und falls Reste bleiben, schmecken sie auch am nächsten Tag noch prima. Halloumi aus Schafs- und Ziegenmilch verleiht dem Gericht eine mediterrane Note. Sie können aber auch jeden anderen würzigen Käse verwenden.

Für 6 Portionen

3 mittelgroße Auberginen, geputzt und längs halbiert
3 mittelgroße Zucchini, geputzt und längs halbiert
3–4 Esslöffel natives Olivenöl extra
Meersalz, schwarzer Pfeffer
300 g Cocktailtomaten, halbiert
4 Frühlingszwiebeln, geputzt und in dünne Scheiben geschnitten
1 Esslöffel Harissa
150 g Halloumi, grob geraspelt
grob gehackte glatte Petersilie, zum Servieren

Den Backofen auf 240 °C (220 °C Umluft) vorheizen. Auberginen- und Zucchinihälften rundum mit Öl einpinseln. Die Schnittflächen mit Salz und Pfeffer bestreuen. Nebeneinander, mit den Schnittflächen nach unten auf beschichtete Backbleche legen. 15 Minuten backen, wenden und weitere 15 Minuten garen. Inzwischen Tomaten und Frühlingszwiebeln vermengen, mit Olivenöl mischen und leicht salzen.

Die Schnittflächen des Gemüses dünn mit Harissa bestreichen und mit dem Käse bestreuen. Die Tomaten-Frühlingszwiebel-Mischung auf dem gebackenen Gemüse verteilen. Nochmals 15 Minuten backen, bis das Gemüse goldbraun und der Käse geschmolzen ist. Mit Petersilie bestreut servieren. Das Gemüse schmeckt am besten heiß, aber auch kalt hat es seinen Reiz.

ENTHÄLT VITAMIN C

1 Portion enthält: 678 kJ / 162 kcal | Fett: 11,6 g | davon gesättigte Fette: 4,5 g | Kohlenhydrate: 5,5 g | davon Zucker: 5,1 g | Eiweiß: 6,8 g | Salz: 0,9 g

KÜRBISSTIFTE MIT DATTEL-MINZ-QUARK

Quark hat eine ähnliche Konsistenz wie griechischer Joghurt. Er ist fettarm, aber sehr proteinreich. Obwohl man zum Essen der Stifte eine Gabel braucht, können sie sehr gut zum Aperitif serviert werden. Ich habe sie kürzlich bei einem Gartenfest zu Teriyaki-Hähnchen vom Grill gereicht.

Für 4 Portionen

1,2 kg Butternusskürbis, geschält, Kerne entfernt
3 Esslöffel natives Olivenöl extra
Meersalz, schwarzer Pfeffer
150 g Quark (für den selbst gemachten siehe Seite 46)
2 Medjul-Datteln, längs halbiert, entsteint und gewürfelt
1 Esslöffel fein gehackte Minze

Den Backofen auf 230 °C (210 °C Umluft) vorheizen. Das Kürbisfruchtfleisch in Stifte schneiden (so dick wie Pommes frites oder etwas dünner). In einer Lage in einen großen Bräter geben, mit 2 Esslöffeln Öl beträufeln, salzen und pfeffern, dann alles vermengen. 45–55 Minuten goldbraun backen, alle 15 Minuten wenden.

Inzwischen den Quark auf dem Boden einer flachen Schale verteilen. Mit Datteln und Minze bestreuen und mit dem restlichen Öl beträufeln. Die Kürbisstifte darauf verteilen.

REICH AN VITAMIN A | ENTHÄLT VITAMIN E, C, KALIUM

1 Portion enthält: 976 kJ / 233 kcal | Fett: 8,6 g | davon gesättigte Fette: 1,2 g | Kohlenhydrate: 26,8 g | davon Zucker: 15,8 g | Eiweiß: 9 g | Salz: 0,1 g

GEGRILLTE ZUCCHINI UND FEIGEN MIT JOGHURTDRESSING

Dieses Joghurtdressing passt zu jeder Art von gegrilltem Gemüse und harmoniert besonders gut mit Knoblauch und mediterranen Kräutern. Es kann auch mit fettarmem Joghurt zubereitet werden. Der Clou an diesem Gericht sind die gegrillten Feigen, die auf einem Bett aus gegrillten Zucchini angerichtet werden. Sie sind saftig, aber weder zu süß noch zu dominant. Wer möchte, gibt noch Linsen oder Bulgur dazu, dann ist das Gericht sättigender. Gemüse, Feigen und Dressing können gut vorbereitet werden.

Für 6 Portionen

4 Zucchini, geputzt, in lange, dünne Scheiben geschnitten
2 Esslöffel natives Olivenöl extra
Meersalz, schwarzer Pfeffer
6 Feigen, geputzt, geviertelt
100 g griechischer Joghurt
¼ Teelöffel Zucker
1 Esslöffel Milch (nach Belieben)
1 Frühlingszwiebel, geputzt und in dünne Scheiben geschnitten
einige Handvoll zarte Spinatblätter
1 Spritzer Zitronensaft
grob gehackte Minze, zum Servieren

Eine Grillpfanne auf mittlerer Stufe erhitzen. Zucchinischeiben und Feigen portionsweise braten. So viele Zucchinischeiben, wie in die Pfanne passen, auf einer Seite mit Olivenöl einpinseln, salzen, pfeffern und 3 Minuten grillbraten, bis sich braune Streifen zeigen. Aus der Pfanne nehmen. Die übrigen Zucchinischeiben ebenso garen. Die Feigenviertel mit Öl einpinseln und insgesamt 3 Minuten braten, zwischendurch einmal wenden. Zucchini und Feigen abkühlen lassen.

Für das Dressing Joghurt, Zucker und etwas Salz und Pfeffer in einer Schüssel verrühren. Falls nötig, mit etwas Milch verdünnen. Die Frühlingszwiebel einrühren. Abdecken und kalt stellen.

Kurz vor dem Servieren den Spinat mit Olivenöl, Zitronensaft und etwas Salz mischen. Auf einer großen Servierplatte mit Zucchinischeiben und Feigen anrichten. Mit dem Joghurtdressing beträufeln und mit frischer Minze bestreuen.

ENTHÄLT VITAMIN A, K, C, FOLSÄURE, KALIUM

1 Portion enthält: 419 kJ / 100 kcal | Fett: 6,2 g | davon gesättigte Fette: 1,9 g | Kohlenhydrate: 5,9 g | davon Zucker: 5,6 g | Eiweiß: 4,2 g | Salz: 0,1 g

LF GEBACKENE KAROTTEN MIT KREUZKÜMMEL UND OSSAU-IRATY

Dieses Gericht habe ich im Nachklang eines Urlaubs auf Mallorca »erfunden«. Ich hatte einen kleinen Hartkäse aus Schafsmilch (ähnlich einem Ossau-Iraty) im Handgepäck mitgebracht, und außer Karotten war kein Gemüse im Haus.

Der originale Ossau-Iraty Brebis-Pyrénées ist ein Schafskäse aus dem Baskenland, den man in hauchdünne Späne hobeln kann. Er harmoniert großartig mit Gewürzen aus dem Nahen Osten und bildet mit seinem salzigen Geschmack ein tolles Gegengewicht zu den süßen Karotten und Zwiebeln.

Für 4 Portionen

500 g Chantenay-Karotten, geputzt, aber nicht geschält, nur abgeschrubbt, schräg in dicke Scheiben geschnitten
4 Schalotten, abgezogen und quer in dicke Ringe geschnitten
2 Esslöffel natives Olivenöl extra
1 Esslöffel Zitronensaft, plus etwas mehr zum Abschmecken
1 Teelöffel gemahlener Kreuzkümmel
Meersalz, schwarzer Pfeffer
1 Handvoll grob gehackte glatte Petersilie
30 g entsteinte schwarze Oliven, in Scheiben/Ringe geschnitten
60 g Ossau-Iraty, fein gehobelt

Den Backofen auf 210 °C (190 °C Umluft) vorheizen. Die Karottenscheiben in einer Lage in einen großen Bräter legen. Die Schalotten in einzelne Ringe zerteilen und zugeben. Mit Öl und Zitronensaft beträufeln und gut vermengen. Kreuzkümmel, Salz und Pfeffer darüberstreuen und nochmals mischen. 30–40 Minuten hell goldbraun backen, nach der Hälfte der Zeit einmal alles wenden. Abkühlen lassen.

Die Karotten in einer Servierschale mit Petersilie und Oliven mischen. Mit Zitronensaft abschmecken, dann vorsichtig den Käse unterheben. Falls Reste übrig bleiben, schmecken sie auch am nächsten Tag noch gut.

REICH AN VITAMIN A | ENTHÄLT VITAMIN K, KALZIUM

1 Portion enthält: 758 kJ / 181 kcal | Fett: 13,2 g | davon gesättigte Fette: 5,3 g | Kohlenhydrate: 7,9 g | davon Zucker: 7,4 g | Eiweiß: 5,3 g | Salz: 0,8 g

EIER MIT RAUCHIGEM BLUMENKOHL UND MANCHEGO

Wer als Kickstart fürs Wochenende etwas Scharfes mag, serviert dieses Gericht am Freitagabend oder sonnabends zum Brunch. Herzhafter Manchego aus Schafsmilch verträgt sich bestens mit dem Gemüse und der Schärfe von Harissa. Wer will, kann die Tomaten häuten, ich verzichte lieber darauf. Servieren Sie das Gemüse mit frischem Vollkornbrot.

Für 2 Portionen

2 Esslöffel natives Olivenöl extra
3 Schalotten, abgezogen, halbiert und quer in dünne Scheiben geschnitten
300 g Cocktailtomaten, geviertelt
1 gehäufter Teelöffel Harissa
1 Esslöffel Paste aus sonnengetrockneten Tomaten
Meersalz
300 g kleine Blumenkohlröschen
4 Freilandeier (Größe M)
60 g Manchego, fein gewürfelt
2 Esslöffel grob gehackter Koriander

Das Olivenöl in einer großen, beschichteten Pfanne auf mittlerer Stufe erhitzen. Die Schalotten darin 6–8 Minuten unter häufigem Rühren goldbraun braten. Die Tomaten zugeben und einige Minuten mitbraten, bis sie zu zerfallen beginnen. Harissa, Tomatenpaste und etwas Salz einrühren. Den Blumenkohl zugeben. Einen möglichst dicht schließenden Deckel auflegen und das Gemüse bei schwacher Hitze 15 Minuten garen. Nach der Hälfte der Zeit umrühren.

Vier Vertiefungen in die Mischung drücken, in jede ein Ei schlagen und alles mit Käsewürfeln bestreuen. Abgedeckt 4–5 Minuten garen, bis das Eiweiß fest, das Eigelb aber noch weich ist. Mit Koriander bestreuen und sofort servieren.

ENTHÄLT VITAMIN C, B_{12}, FOLSÄURE, PHOSPHOR

1 Portion enthält: 1951 kJ / 466 kcal | Fett: 33,3 g | davon gesättigte Fette: 10,6 g | Kohlenhydrate: 10,8 g | davon Zucker: 10 g | Eiweiß: 27,5 g | Salz: 0,9 g

FRISCH & KNACKIG: SALATE

CACIK

Der türkische Dip aus Joghurt und Gurke entspricht dem griechischen Tsatsiki. Anstelle von Dill können Sie auch Schnittlauch oder Minze verwenden. Cacık schmeckt sehr gut zu Ofengemüse, Pilaw oder Gegrilltem.

Ich empfehle, vollfetten Joghurt zu verwenden. Alternativ können Sie Magerjoghurt mit etwas saurer Sahne verrühren, damit der Cacık schön cremig wird.

Für 6 Portionen

500 g griechischer Joghurt oder abgetropfter normaler Naturjoghurt
1 kleine Knoblauchzehe, abgezogen und zerdrückt
Meersalz
1 Gurke, Enden entfernt, geschält und grob geraspelt
2 gehäufte Esslöffel fein gehackter Dill oder Schnittlauch, plus etwas mehr zum Servieren
natives Olivenöl extra, zum Beträufeln
Cayennepfeffer, zum Bestäuben

Den Joghurt in einer großen Schüssel mit dem Knoblauch und etwas Salz verrühren. Die Gurke mit den Händen kräftig ausdrücken. Mit Dill oder Schnittlauch in den Joghurt rühren. In eine Servierschüssel umfüllen, mit etwas Olivenöl beträufeln, mit Cayennepfeffer bestäuben und mit Dill oder Schnittlauchröllchen garnieren.

ENTHÄLT PHOSPHOR, JOD

1 Portion enthält: 507 kJ / 121 kcal | Fett: 9,1 g | davon gesättigte Fette: 5,7 g | Kohlenhydrate: 4,5 g | davon Zucker: 4,1 g | Eiweiß: 5,1 g | Salz: 0,1 g

GRIECHISCHE SALATTÜRMCHEN

Auf die Idee, Salat einmal als Türmchen anzurichten, brachte mich der Koch im zauberhaften Hotel Petit Cala Fornells auf Mallorca. Legen Sie zu Hause die Tomaten auf eine sonnige Fensterbank, damit sie vor dem Aufschneiden schön durchgewärmt werden. Versuchen Sie, eine Tomatensorte mit intensivem Aroma und einen würzigen, im Fass gereiften Feta zu bekommen.

Für 2 Portionen

2 Ochsenherztomaten
3–4 Esslöffel natives Olivenöl extra
Meersalz, schwarzer Pfeffer
1 Schalotte, abgezogen, längs halbiert und in sehr feine Scheiben geschnitten
60 g Feta, fein gewürfelt
40 g entsteinte schwarze Oliven in Öl, halbiert
2 Teelöffel Balsamessig

Die Tomaten quer in dünne Scheiben schneiden. Die letzte Scheibe mit dem Stängelansatz anderweitig verwenden. Dann jede Tomate auf einem Portionsteller wieder zusammensetzen, dabei jede zweite Scheibe mit etwas Öl beträufeln und mit Salz und Pfeffer würzen. Schalotten, Feta und Oliven ringsherum anrichten. Das Ganze noch mit Olivenöl und Balsamessig beträufeln.

ENTHÄLT VITAMIN C

1 Portion enthält: 1227 kJ / 293 kcal | Fett: 25,5 g | davon gesättigte Fette: 7 g | Kohlenhydrate: 7,4 g | davon Zucker: 7,4 g | Eiweiß: 6,6 g | Salz: 2,3 g

GAZPACHOSALAT MIT MANCHEGO UND OLIVEN

Für diesen sommerlichen Salat werden alle Zutaten verwendet, die in einen guten Gazpacho gehören. Bestreuen Sie ihn mit dünnen Spänen von einem Schafs- oder Ziegenhartkäse wie Manchego. Besonders köstlich ist auch der korsische Fleur du Maquis mit Kräutern.

Für 4 Portionen

1 kleine Landgurke, Enden entfernt, geschält, längs halbiert und in feine Scheiben geschnitten
250 g Cocktailtomaten, geviertelt
¼ rote Zwiebel, fein gehackt
1 Teelöffel fein gehackter mittelscharfer roter Chili
1 kleine oder ½ große Knoblauchzehe, abgezogen und fein gehackt
4 Esslöffel grob gehackte glatte Petersilie
4 Esslöffel natives Olivenöl extra
1 Esslöffel Sherry- oder Rotweinessig
Meersalz, schwarzer Pfeffer
70 g Manchego oder Schafs- oder Ziegenhartkäse, fein gehobelt
50 g entsteinte schwarze Oliven

Gurke, Tomaten, Zwiebel, Chili, Knoblauch und Petersilie in einer Schüssel vermengen. Kurz vor dem Servieren mit Olivenöl und Essig beträufeln und großzügig salzen und pfeffern. Käse und Oliven darüberstreuen oder unterheben und sofort servieren.

REICH AN VITAMIN K | ENTHÄLT VITAMIN A, C, B_{12}, KALZIUM

1 Portion enthält: 888 kJ / 212 kcal | Fett: 18 g | davon gesättigte Fette: 5,2 g | Kohlenhydrate: 3,8 g | davon Zucker: 3,3 g | Eiweiß: 7,6 g | Salz: 1,1 g

ROMANASALAT MIT BIRNE UND PARMESAN

Parmesan ist eine der besten Käsesorten für Salat, am besten in möglichst dünne Späne gehobelt. Ich mag ihn besonders gern auf Rucolasalat, der nur mit zitronigem Olivenöl angemacht ist. Um das Öl zu aromatisieren, schälen Sie mit einem Sparschäler oder einem Zestenreißer die Zitronenschale dünn ab und zerdrücken sie leicht im Mörser, damit sie ihre ätherischen Öle freigibt. Mit Olivenöl übergießen und über Nacht oder einige Tage ziehen lassen.

Für 4 Portionen

2 Romanasalatherzen
je 1 Schale Senfsprossen und Kresse
4 Esslöffel (mit Zitrone aromatisiertes) natives Olivenöl extra
1 Spritzer Zitronensaft
Meersalz
1 Birne, geschält, geviertelt, Kerngehäuse entfernt, in dünne Scheiben geschnitten
75 g feine Parmesanspäne
1 Teelöffel fein abgeriebene Biozitronenschale

Den Salat in einzelne Blätter zerteilen und die dicken Mittelrippen entfernen. Die Blätter in mundgerechte Stücke zupfen. In einer großen Schüssel mit der Hälfte der Senfsprossen und der Kresse mischen. Mit 3 Esslöffeln Olivenöl, dem Spritzer Zitronensaft und einer Prise Salz mischen. Birne und die Hälfte des Parmesans unterheben. In einer Servierschüssel oder auf Portionstellern anrichten. Mit dem restlichen Parmesan, Senfsprossen und Kresse garnieren, mit dem restlichen Öl beträufeln und mit der Zitronenschale bestreuen.

ENTHÄLT FOLSÄURE

1 Portion enthält: 967 kJ / 231 kcal | Fett: 15,5 g | davon gesättigte Fette: 5 g | Kohlenhydrate: 10,5 g | davon Zucker: 10,5 g | Eiweiß: 9,4 g | Salz: 0,4 g

BOHNENSALAT MIT FEIGEN UND FETA

Hier gehen süße, saftige Feigen eine Liaison mit salzigem Feta ein. Frische grüne Bohnen dazu, und fertig ist ein leichtes, aber sättigendes Mittagessen für warme Sommertage.

Für 6 Portionen

400 g zarte grüne Bohnen, geputzt und halbiert
1 Esslöffel Balsamessig
Meersalz, schwarzer Pfeffer
5 Esslöffel natives Olivenöl extra
1 Esslöffel fein gehackte Schalotte
2 große Handvoll grob gehackte glatte Petersilie
200 g frische Feigen (4 oder 5 Stück), geputzt und in schmale Spalten geschnitten
150 g Feta, grob zerkrümelt

In einem großen Topf Wasser mit etwas Salz zum Kochen bringen. Die Bohnen darin einige Minuten garen, sie sollten noch knackig sein. In einen Durchschlag abgießen, kalt abschrecken und abkühlen lassen.

Essig, Salz und Pfeffer in einer kleinen Schüssel verrühren, dann das Öl unterrühren. Die Bohnen in einer großen Schüssel mit der Hälfte des Dressings mischen, dann Schalotte und die Hälfte der Petersilie unterheben. Auf einer Servierplatte anrichten, Feigen und Feta darauf verteilen, mit dem restlichen Dressing beträufeln und mit der restlichen Petersilie bestreuen.

REICH AN VITAMIN K | ENTHÄLT FOLSÄURE

1 Portion enthält: 766 kJ / 183 kcal | Fett: 14,7 g | davon gesättigte Fette: 4,8 g | Kohlenhydrate: 5,6 g | davon Zucker: 5 g | Eiweiß: 5,7 g | Salz: 0,9 g

GEGRILLTER HALLOUMI AUF ROMANASALAT MIT GERÖSTETEN MANDELN

Romanasalat ist herrlich knackig und hat ein feines, zartbitteres Aroma, außerdem hält er sich gut im Gemüsefach des Kühlschranks. Wenn es einmal schnell gehen soll oder muss, eignet sich für dieses Rezept aber auch eine fertige Salatmischung mit buntem Pflücksalat.

Für 4 Portionen

2 Romanasalatherzen
2 Esslöffel Walnuss- oder Haselnussöl
2 Esslöffel Zitronensaft
Meersalz, schwarzer Pfeffer
50 g geröstete, gesalzene Mandeln, grob gehackt
2 Esslöffel natives Olivenöl extra
250 g Halloumi, quer in etwa 12 Streifen geschnitten
Mehl, zum Bestäuben
dicke Streifen warmes Pitabrot, oder Mini-Pitabrote, zum Servieren

Den Salat putzen, dabei aus den größeren Blättern die dicken Mittelrippen herausschneiden, dann die Blätter in mundgerechte Stücke zupfen. Die hellgrünen Blätter aus dem Herzen ganz lassen. In einer Schüssel mit Nussöl, Zitronensaft und etwas Salz und Pfeffer mischen, dann die Mandeln unterheben.

1 Esslöffel Olivenöl in einer großen, beschichteten Pfanne auf mittlerer bis hoher Stufe erhitzen. Die Hälfte der Halloumischeiben in Mehl wenden und von jeder Seite 30–60 Sekunden goldbraun braten, dann herausheben. Die übrigen Scheiben mit dem restlichen Olivenöl ebenso braten. Sofort mit Salat und Brot servieren.

ENTHÄLT FOLSÄURE, MANGAN

1 Portion (ohne Brot) enthält: 2420 kJ / 578 kcal | Fett: 30,5 g | davon gesättigte Fette: 10,5 g | Kohlenhydrate: 48,9 g | davon Zucker: 7,8 g | Eiweiß: 23,4 g | Salz: 3,1 g

LF FRISEE MIT MIMOLETTE UND WALNÜSSEN

Mimolette ähnelt Cheddar: Er ist orangegelb, fest und etwas körnig. Vor allem lange gereifter Mimolette lässt sich gut in dünne Späne hobeln. Er schmeckt ausgezeichnet zu Walnüssen. In unserem Garten in der Normandie stehen mehrere Walnussbäume, darum haben wir immer einen reichen Wintervorrat an Nüssen. Guten Mimolette kaufen wir auf dem Markt.

Für 6 Portionen

FÜR DEN SALAT
6 große Handvoll gemischter Frisée- und Feldsalat
100 g Mimolette, fein gehobelt
50 g grob gehackte Walnusskerne

FÜR DIE VINAIGRETTE
1 Esslöffel Apfelessig
1 Teelöffel Dijonsenf
1 Teelöffel Zucker
Meersalz, schwarzer Pfeffer
3 Esslöffel Walnussöl
4 Esslöffel Erdnussöl

Zuerst für das Dressing Essig, Senf, Zucker, Salz und Pfeffer in einer Schüssel verrühren, dann das Öl zugeben und kräftig rühren, bis die Vinaigrette sämig wird.

Die Salatblätter in einer großen Schüssel vorsichtig mit den Käsespänen mischen. Die gehackten Walnüsse mit 4 Esslöffeln Vinaigrette verrühren und auf dem Salat verteilen. Die verbliebene Vinaigrette separat dazu reichen oder am nächsten Tag verwenden.

REICH AN VITAMIN K | ENTHÄLT VITAMIN A, E, B_{12}, FOLSÄURE, KALZIUM, PHOSPHOR, MANGAN
1 Portion enthält: 816 kJ / 195 kcal | Fett: 18,3 g | davon gesättigte Fette: 5,2 g | Kohlenhydrate: 1,3 g | davon Zucker: 1,2 g | Eiweiß: 5,9 g | Salz: 0,5 g

LF AVOCADO MIT PARMESAN UND SPROSSEN

Für dieses Rezept können Sie die Avocados, sofern sie fest genug sind, auch nach Art eines Carpaccios in hauchdünne Scheiben schneiden. Der Salat eignet sich als leichtes Mittagessen oder als Vorspeise, kann jedoch auch als Beilage zu kaltem Braten oder gegrilltem Hähnchen serviert werden.

Für 4 Portionen

4 kleine Avocados, halbiert und entkernt
2 Esslöffel Zitronensaft
50 g sehr fein gehobelter Parmesan*
2 Esslöffel natives Olivenöl extra
1 kleine Handvoll Senfsprossen, Kresse oder andere Keimlinge/Sprossen
2 Frühlingszwiebeln, geputzt und in feine Scheiben geschnitten

Die Avocados mit Schale in Stücke schneiden, dann das Fruchtfleich mit einem Teelöffel aus der Schale lösen und auf vier Beilagenteller verteilen. Sofort gleichmäßig mit Zitronensaft beträufeln, damit sie sich nicht verfärben. Mit Parmesan bestreuen, mit Olivenöl beträufeln und mit Sprossen und Frühlingszwiebeln anrichten. Der Salat sollte sofort verzehrt werden.

*Wer keinen Käsehobel hat, kann mit einem Sparschäler hauchdünne Späne vom Parmesan abschneiden.

ENTHÄLT VITAMIN E, B_6, BALLASTSTOFFE, KALIUM

1 Portion enthält: 1269 kJ/303 kcal | Fett: 28,7 g | davon gesättigte Fette: 7,3 g | Kohlenhydrate: 2,2 g | davon Zucker: 0,8 g | Eiweiß: 6,5 g | Salz: 0,3 g

ROTE BETE MIT WASSERMELONE UND ZIEGENKÄSE

Rote Bete und Wassermelone passen farblich gut zusammen, und beide schmecken ausgezeichnet mit einem fruchtigen Essigdressing. Das salzige Gegengewicht bildet hier ein mittelalter Ziegenkäse.

Für 6 Portionen

400 g Wassermelonenfruchtfleisch, Kerne entfernt
300 g gekochte und geschälte Rote Beten, halbiert und in Scheiben geschnitten
1 Esslöffel Obstessig, z. B. Himbeeressig
Meersalz
4 Esslöffel natives Olivenöl extra
je 4 Esslöffel grob gehackte glatte Petersilie und Schnittlauchröllchen
50 g zarte Spinatblätter
150 g mittelalter Ziegenschnittkäse, grob zerkrümelt
30 g Paranusskerne, gehobelt

Melone und Rote Beten in mundgerechte Stücke schneiden und in eine große Schüssel geben. Den Essig in einer kleinen Schüssel mit etwas Salz verrühren, dann das Öl unterrühren. Bis hierher kann der Salat vorbereitet werden.

Kurz vor dem Servieren den Salat mit dem Dressing übergießen. Vermengen, dann Kräuter und Spinat unterheben. Mit Käse und Nüssen bestreut servieren.

REICH AN VITAMIN K | ENTHÄLT VITAMIN A, FOLSÄURE

1 Portion enthält: 976 kJ/233 kcal | Fett: 17,6 g | davon gesättigte Fette: 6,5 g | Kohlenhydrate: 9,7 g | davon Zucker: 9,3 g | Eiweiß: 7,9 g | Salz: 0,6 g

LF PARMASCHINKEN MIT OLIVEN UND MOZZARELLA

Ein Salat sieht gleich viel edler aus, wenn er im Glas mit Stiel serviert wird – denken Sie nur an den guten, altmodischen Krabbencocktail. Grissini oder Minibrötchen sind eine passende Beilage.

Für 2 Portionen

FÜR DAS DRESSING
4 Cocktailtomaten, fein gehackt
Meersalz
1 Teelöffel Balsamessig
1 Esslöffel natives Olivenöl extra
1 Teelöffel fein gehackte Schalotte

FÜR DEN SALAT
2 Handvoll zarte Spinatblätter oder rotstieligen Mangold
10 entsteinte grüne Oliven, halbiert
6 kleine Mozzarellakugeln
2 Scheiben Parma- oder anderer luftgetrockneter Schinken, in Drittel gezupft

Für das Dressing die Tomaten in einer kleinen Schüssel mit etwas Salz bestreuen und 15 Minuten beiseitestellen. Danach Balsamessig, Öl und Schalotte untermischen.

Zwei Gläser zur Hälfte mit Spinat- oder Mangoldblättern füllen. Oliven, Mozzarellakugeln und Schinken darauf anrichten. Bis hierher kann der Salat einige Stunden im Voraus vorbereitet werden. Unmittelbar vor dem Servieren das Dressing über den Salat geben.

REICH AN VITAMIN A, K | ENTHÄLT VITAMIN B_{12}, FOLSÄURE, KALZIUM, PHOSPHOR
1 Portion enthält: 950 kJ / 227 kcal | Fett: 18,9 g | davon gesättigte Fette: 7,9 g | Kohlenhydrate: 1,1 g | davon Zucker: 1,1 g | Eiweiß: 12,1 g | Salz: 2,5 g

LF SPARGEL MIT MOZZARELLA UND ERBSENSPROSSEN

Mozzarella verleitet zum Naschen. Zuerst zupft man nur ein Stückchen von der Kugel ab, dann noch eins und noch eins, und am Ende lohnt es sich nicht mehr, das letzte Fitzelchen aufzubewahren. Natürlich spreche ich aus Erfahrung.

Noch gefährlicher ist es mit echtem Büffelmozzarella oder einer Burrata, unter dessen glatter Oberfläche sich ein herrlich cremiges Inneres verbirgt. Himmlisch! Genau der richtige Käse für besondere Anlässe.

Spargel und Erbsen harmonieren geschmacklich gut miteinander, und praktischerweise sind sie zur gleichen Zeit erntereif. Wer Erbsen im Garten hat, sollte unbedingt einmal die jungen Triebspitzen probieren!

Für 4 Portionen

150 g dünner Spargel, geputzt
4 kleine Handvoll Erbsensprossen
2 Büffelmozzarellakugeln à 125–150 g, abgetropft und in Stücke gezupft
etwa 1 Esslöffel natives Olivenöl extra, zum Beträufeln
einige Tropfen weißer Balsamessig
Meersalz
1 gehäufter Esslöffel kleine Kapern, abgespült

In einem mittelgroßen Topf Wasser mit etwas Salz zum Kochen bringen. Den Spargel darin einige Minuten bissfest garen. In einen Durchschlag abgießen und kalt abschrecken, um den Garvorgang abzubrechen. Abkühlen lassen.

Erbsensprossen, Spargel und Mozzarella auf vier Tellern anrichten. Mit etwas Öl und dem Balsamessig beträufeln, mit etwas Salz bestreuen und mit Kapern garniert servieren.

REICH AN VITAMIN K, B_{12}, FOLSÄURE | ENTHÄLT VITAMIN A, D, B_2, KALZIUM, PHOSPHOR, ZINK
1 Portion enthält: 754 kJ / 180 kcal | Fett: 13,8 g | davon gesättigte Fette: 8,8 g | Kohlenhydrate: 0,8 g | davon Zucker: 0,7 g | Eiweiß: 12,8 g | Salz: 0,6 g

SALAT MIT WACHTELEIERN UND BUTTERMILCHDRESSING

Rote Bete, Wachteleier und Buttermilch sind – zugegeben – eine ungewöhnliche Kombination. Buttermilch wird allerdings unterschätzt! Sie eignet sich nicht nur zum Backen, sondern auch als Grundlage für frische Salatdressings. Richten Sie diesen Salat einmal auf dicken Scheiben von frischem Mehrkornbrot mit Butter an.

Für 2 Portionen

FÜR DAS DRESSING
2 Esslöffel Buttermilch
1 Teelöffel saure Sahne
Meersalz
1 gehäufter Teelöffel fein gehackter Schnittlauch
1 Teelöffel fein gehackte glatte Petersilie
1 Teelöffel fein gehacktes Basilikum

FÜR DEN SALAT
2 gehäufte Esslöffel gekochte Rote Bete, in 1 cm dicke Würfel geschnitten
1 Teelöffel Balsamessig
2 Handvoll Feldsalat, die kleinen Wurzeln abgeknipst
12 Wachteleier, 2½ Minuten gekocht, geschält und halbiert
2 gehäufte Teelöffel grob gehackte geröstete Cashewkerne

Für das Dressing Buttermilch, saure Sahne und etwas Salz in einer kleinen Schüssel verrühren, dann die Kräuter untermischen.

Die Rote-Bete-Würfel in einer anderen Schüssel mit dem Essig mischen, dann abtropfen lassen.

Den Feldsalat auf zwei Teller verteilen. Rote Bete und Wachteleier darauf anrichten, mit dem Dressing beträufeln und mit den Cashewkernen bestreuen. Der Salat kann einige Stunden vor dem Servieren vorbereitet werden, das Dressing jedoch erst zum Schluss darübergeben.

TIPP: Bestreuen Sie den Salat kurz vor dem Servieren mit etwas Selleriesalz.

ENTHÄLT VITAMIN B_2, FOLSÄURE, PHOSPHOR, EISEN
1 Portion enthält: 821 kJ / 196 kcal | Fett: 13,3 g | davon gesättigte Fette: 3,8 g | Kohlenhydrate: 5,3 g | davon Zucker: 4,1 g | Eiweiß: 13,1 g | Salz: 0,1 g

SÜSSE VERFÜHRUNGEN

LF SCHOKOLADENKUCHEN MIT BIRNE UND CHILI

In Bezug auf Milchprodukte scheint es bei Kuchen nur zwei Kategorien zu geben. Entweder werden sie mit Unmengen Butter und Sahne zubereitet – oder supergesund mit geraspeltem Gemüse und Öl. Ich habe versucht, einen Mittelweg zu finden. Dieses Rezept nimmt Anleihen beim klassischen Karottenkuchen, hat aber eine buttrige Streuselschicht. Der Knüller jedoch ist ein Spritzer Tabasco, der die Schokolade perfekt abrundet. Wer es noch pikanter mag, beträufelt den Kuchen mit Chilisirup.

Für 1 Kuchenform mit 20 cm Ø / Ergibt 10 kleine Stücke

FÜR DEN TEIG

3 Birnen, z. B. Conference
170 g hellbrauner Zucker
1 Esslöffel Zitronensaft
170 ml Erdnuss- oder Pflanzenöl
2 Freilandeier (Größe M)
70 ml milder Orangensaft
½–1 Teelöffel Tabasco, je nach Geschmack
200 g Mehl
30 g Kakaopulver
2 Teelöffel Backpulver
50 g Zartbitter-Schokoladentropfen

FÜR DIE STREUSEL

50 g Butter, gewürfelt, plus etwas mehr zum Fetten der Form
80 g Mehl
80 g hellbrauner Zucker

Die Birnen schälen, vierteln und entkernen, dann quer in dünne Scheiben schneiden. Mit 2 Esslöffeln Zucker und dem Zitronensaft mischen und 10 Minuten beiseitestellen.

Inzwischen den Backofen auf 200 °C (180 °C Umluft) vorheizen. Eine Springform (20 cm Ø, 7 cm hoch) mit Butter fetten. Öl, Eier und Orangensaft in einer großen Schüssel mit Tabasco (nach Geschmack) und dem ausgetretenen Birnensaft, falls vorhanden, verrühren. Den restlichen Zucker zugeben, Mehl, Kakao- und Backpulver auf die Mischung sieben und alles verrühren. Birnen und Schokoladentropfen behutsam unterheben. In die Form füllen.

Die Zutaten für die Streusel im Mixer zu einer bröseligen Masse verarbeiten. Auf dem Teig verteilen. Den Kuchen 50–60 Minuten backen, bis er aufgegangen und goldbraun ist. Er ist gar, wenn an einem in der Mitte eingestochenen Holzstäbchen keine Teigreste haften. Mit einem Messer am Formrand entlangfahren. Den Kuchen abkühlen lassen. Zum Servieren nach Belieben mit einem Teelöffel Chilisirup (siehe unten) beträufeln.

ENTHÄLT VITAMIN E

1 Stück enthält: 1993 kJ / 476 kcal | Fett: 24,8 g | davon gesättigte Fette: 8,1 g | Kohlenhydrate: 56,4 g | davon Zucker: 35,4 g | Eiweiß: 5 g | Salz: 0,5 g

CHILISIRUP (NACH BELIEBEN)

1 mittelscharfer roter Chili, Samen entfernt, in feine Streifen geschnitten
50 ml milder Orangensaft
50 g Zucker

Alle Zutaten in einem kleinen Topf zum Kochen bringen und bei niedriger Hitze 5 Minuten köcheln. In eine kleine Schüssel oder ein Schraubglas gießen und abkühlen lassen.

PARISER KÄSEKUCHEN MIT SCHWARZEN JOHANNISBEEREN

Mit seiner dunkelroten Glasur sieht dieser Kuchen so edel aus, als käme er direkt aus einer feinen Patisserie in Paris, dabei ist er ganz einfach herzustellen. Und weil er mit Magerquark zubereitet werden kann, ist er gar nicht sündig.

Für 1 Kuchenform mit 20 cm Ø / Ergibt 8 Stücke

FÜR DEN BODEN
50 g Butter
150 g Vollkornbutterkekse

FÜR DIE FÜLLUNG
3 Freilandeier (Größe M), getrennt
125 g hellbrauner Zucker
fein abgeriebene Schale von 1 Biozitrone
750 g Quark (für selbst gemachten Quark, siehe Seite 46)
6 Blatt Gelatine, in breite Streifen geschnitten
3 Esslöffel kochend heißes Wasser

FÜR DIE GLASUR
1 Blatt Gelatine, in breite Streifen geschnitten
3 Esslöffel kochend heißes Wasser
100 g schwarze Johannisbeerkonfitüre

Für den Boden die Butter in einem kleinen Topf bei schwacher Hitze zerlassen. Die Kekse in einen Gefrierbeutel füllen und mit einer Teigrolle fein zerbröseln. In einer Schüssel oder direkt im Topf mit der zerlassenen Butter verrühren. Die Mischung in eine Springform (6–7 cm hoch) geben und mit den Fingern oder dem flachen Boden eines Trinkglases am Formboden andrücken.

Für die Füllung Eigelb, Zucker und Zitronenschale in einer großen Schüssel einige Minuten mit einem Handmixer hell und cremig rühren. Den Quark zugeben und glatt rühren. 15 Minuten ruhen lassen, dann die Masse von der Becherwand schaben und nochmals rühren.

Während die Quarkmasse ruht, die Gelatine in einer mittelgroßen Schüssel 5 Minuten in Wasser einweichen. Abgießen und ausdrücken, mit wenig kochendem Wasser übergießen und rühren, um sie aufzulösen. Falls nötig, die Schüssel im heißen Wasserbad erwärmen.

3 Esslöffel Quarkmasse nacheinander unter die Gelatine rühren, um sie abzukühlen. Dann die Gelatinemischung unter die übrige Quarkmasse rühren. Das Eiweiß in einer großen Schüssel mit einem elektrischen Handmixer zu steifem Eischnee schlagen und in zwei Portionen unter die Quarkmasse heben. Die Masse vorsichtig auf den Boden füllen und glatt streichen. Abdecken und über Nacht kalt stellen.

Für die Glasur die Gelatine wie oben einweichen und ausdrücken, dann in heißem Wasser auflösen. Dann nach und nach mit der Johannisbeerkonfitüre verrühren. Die Mischung dünn auf die Quarkmasse streichen, die ganzen Beeren sollen gleichmäßig verteilt sein. Abdecken und mehrere Stunden kalt stellen, bis die Glasur fest ist. Der Kuchen hält sich gekühlt und gut abgedeckt mehrere Tage.

ENTHÄLT VITAMIN B_6, FOLSÄURE, PHOSPHOR
1 Stück enthält: 1344 kJ / 321 kcal | Fett: 10,4 g | davon gesättigte Fette: 5,4 g | Kohlenhydrate: 39,7 g | davon Zucker: 29,9 g | Eiweiß: 17,1 g | Salz: 0,6 g

PISTAZIEN-KIRSCH-SCHNITTEN

Knuspriger Blätterteig, eine zarte Masse aus Pistazien und Frischkäse und saftige Kirschen: Kuchengenuss geht auch ohne üppige Buttercreme!

Ergibt 16 Stücke

60 g weiche Butter, plus etwas mehr zum Einfetten der Form
320 g Blätterteig aus dem Kühlregal
110 g hellbrauner Zucker
2 Freilandeier (Größe M)
200 g Frischkäse
200 g gemahlene Pistazienkerne
1 Teelöffel Backpulver, gesiebt
½ Teelöffel gemahlener Zimt, gesiebt
100 g Belegkirschen, halbiert, möglichst ohne künstliche Farbstoffe
Puderzucker, zum Bestäuben

Den Backofen auf 190 °C (170 °C Umluft) vorheizen. Eine quadratische Backform (23 cm Seitenlänge) mit Butter einfetten und mit Backpapier auslegen. Das Backpapier an den Ecken einschneiden, damit es glatt liegt. Den Formboden mit Blätterteig auslegen. Butter und Zucker im Mixer hell aufschlagen, dann die Eier einzeln einrühren. Den Frischkäse, danach Pistazien, Backpulver und Zimt unterrühren. Den Teig in die Form füllen, glatt streichen und mit den Kirschen belegen. 30–35 Minuten backen, bis die Frischkäsemasse goldbraun ist. Abkühlen lassen.

Den Kuchen vorsichtig aus der Form lösen. 4 cm breite Streifen aus Backpapier zuschneiden und parallel zueinander, aber schräg zu den Seiten mit 4 cm Abstand auf den Kuchen legen. Den Kuchen dick mit Puderzucker bestreuen, dann die Papierstreifen abnehmen. Die äußeren Ränder minimal abschneiden, dann den Kuchen in 16 Quadrate schneiden. Er hält sich in einem luftdicht schließenden Behälter 2–3 Tage.

ENTHÄLT PHOSPHOR

1 Stück enthält: 1043 kJ / 249 kcal | Fett: 16,2 g | davon gesättigte Fette: 5,9 g | Kohlenhydrate: 20,1 g | davon Zucker: 12,9 g | Eiweiß: 5,3 g | Salz: 0,5 g

QUARKMOUSSE MIT SCHOKOLADE

Quark statt Sahne bildet die fettarme Grundlage dieses Desserts, das sich mit einer klassischen Mousse au Chocolat messen kann. Auf einen Schuss Rum sollten Sie allerdings nicht verzichten.

Für 8 Portionen

FÜR DIE MOUSSE
200 g Vollmilchschokolade, in Stücke gebrochen
100 g Zartbitterschokolade (ca. 70 % Kakaoanteil), in Stücke gebrochen
500 g Quark
4 Freilandeier (Größe L), getrennt
1 Esslöffel dunkler Rum oder Espresso

ZUM GARNIEREN
grob geraspelte Vollmilchschokolade
Puderzucker

Beide Schokoladensorten im heißen Wasserbad schmelzen und auf Zimmertemperatur abkühlen lassen. Quark und Eigelb in einer großen Schüssel mit dem Handmixer verrühren, dann die gerade noch flüssige Schokolade zugeben und nochmals durchrühren. Rum oder Espresso unterrühren.

Das Eiweiß in einer großen Schüssel mit einem elektrischen Handmixer zu steifem Eischnee schlagen. Diesen in zwei Portionen unter die Schokoladenmasse heben. Sofort in eine Servierschüssel füllen und glatt streichen. Abdecken und einige Stunden kalt stellen. Die Mousse hält sich im Kühlschrank wenigstens zwei Tage. Kurz vor dem Servieren mit geraspelter Schokolade und Puderzucker bestreuen.

REICH AN VITAMIN B_{12} | ENTHÄLT VITAMIN B_2, FOLSÄURE, PHOSPHOR
1 Portion enthält: 1197 kJ / 286 kcal | Fett: 14,8 g | davon gesättigte Fette: 8,9 g | Kohlenhydrate: 23,4 g | davon Zucker: 23,2 g | Eiweiß: 14,6 g | Salz: 0,3 g

CRÈME BRÛLÉE

Der Reiz einer Crème brûlée besteht im Kontrast zwischen der samtigen Creme und dem knusprigen Karamell. Wenn die Creme nicht mit Sahne zubereitet wird, sondern mit Milch, wird sie sogar noch zarter, enthält aber weniger Fett. Auf einen Gasbrenner können Sie bei dieser Zubereitungsweise verzichten.

Für 6 Portionen

FÜR DIE CREME
7 Eigelb von Freilandeiern (Größe M)
80 g Zucker
1 Teelöffel Vanilleextrakt
600 ml Vollmilch

FÜR DEN KARAMELL
125 g Zucker

Den Backofen auf 160 °C (140 °C Umluft) vorheizen. Eigelb, Zucker und Vanilleextrakt in einer großen Schüssel schaumig aufschlagen. Die Milch in einem kleinen Topf zum Kochen bringen, in dünnem Strahl unter ständigem Rühren in die Eigelbmasse gießen, dann in eine saubere Schüssel sieben. Die Mischung in sechs Ramequin-Förmchen oder hitzebeständige Gläser (à 150 ml Volumen) füllen. In einen Bräter stellen und bis zur halben Höhe der Formen kochendes Wasser eingießen. 1¼ Stunden im Backofen garen, bis die Masse stockt. Die Formen aus dem Bräter nehmen, auf Zimmertemperatur abkühlen lassen, dann ohne Abdeckung einige Stunden oder über Nacht in den Kühlschrank stellen.

Vor dem Servieren den Zucker in einem kleinen Topf langsam erhitzen, bis er zur Hälfte flüssig ist und leicht braun wird. Ständig rühren und weitererhitzen, bis er goldbraun ist. Vorsicht, er verbrennt schnell! Sofort vom Herd nehmen. Auf jede Cremeportion 1–2 Teelöffel Karamell träufeln: Er wird binnen Minuten fest. Bis zum Servieren in den Kühlschrank stellen.

REICH AN VITAMIN B_{12} | ENTHÄLT VITAMIN B_5, B_7, PHOSPHOR, JOD
1 Portion enthält: 1143 kJ / 273 kcal | Fett: 10,3 g | davon gesättigte Fette: 4,3 g | Kohlenhydrate: 38,5 g | davon Zucker: 38,5 g | Eiweiß: 6,6 g | Salz: 0,1 g

LF DATTELN MIT GORGONZOLA UND HONIG

Hätten Sie zum Dessert lieber Käse oder etwas Süßes? Oder am besten von beidem etwas, und dazu einen Espresso?

Ergibt 10 Stück

10 Medjul-Datteln
100 g Gorgonzola
1 Esslöffel klarer Honig

Die Datteln längs aufschneiden und die Steine entfernen. Großzügig mit Gorgonzola füllen. Auf einer Platte anrichten und kurz vor dem Servieren mit dem Honig beträufeln.

ENTHÄLT VITAMIN B_2, BALLASTSTOFFE, KALIUM, KALZIUM, PHOSPHOR
1 Dattel enthält: 348 kJ / 83 kcal | Fett: 2,8 g | davon gesättigte Fette: 1,7 g | Kohlenhydrate: 11,9 g | davon Zucker: 11,9 g | Eiweiß: 2,2 g | Salz: 0,4 g

JOGHURT-PANNA COTTA

Panna Cotta wird mit griechischem Joghurt ebenso weiß und cremig wie mit Sahne, aber viel gesünder. Mir schmeckt diese Variante sogar besser.

Für 4 Portionen

2 Blatt Gelatine, in breite Streifen geschnitten
3 Esslöffel kochend heißes Wasser
450 g griechischer Joghurt
75 g Zucker
1 Teelöffel Vanilleextrakt
4 Esslöffel Kirschwasser oder anderer klarer Obstbrand
100 g kernlose helle oder dunkle Trauben, halbiert

Die Gelatine in einer mittelgroßen Schüssel mit kaltem Wasser bedecken. 5 Minuten einweichen, dann abgießen und ausdrücken. Die Gelatine mit kochendem Wasser übergießen und unter Rühren auflösen. Joghurt und Zucker in einem kleinen Topf bei niedriger Temperatur unter ständigem Rühren erwärmen, bis der Zucker aufgelöst ist. Nicht kochen! Vom Herd nehmen und den Vanilleextrakt unterrühren.

3 Esslöffel Joghurt nacheinander mit der Gelatine verrühren, um sie abzukühlen. Dann die Gelatinemischung unter den restlichen Joghurt rühren. Die Masse in vier Ramequin-Formen (à 150 ml Volumen) füllen. Abdecken und einige Stunden oder über Nacht kalt stellen. Die Creme hält sich wenigstens zwei Tage. Zum Servieren nach Belieben die Ränder mit einem Messer lösen und die Creme stürzen. Mit etwas Kirschwasser beträufeln und mit Trauben garnieren.

1 Portion enthält: 1156 kJ / 276 kcal | Fett: 11,5 g | davon gesättigte Fette: 7,6 g | Kohlenhydrate: 27,6 g | davon Zucker: 27,2 g | Eiweiß: 7,6 g | Salz: 0,2 g

FÜNF-STUNDEN-MILCHREIS

Es hat mit Zeit und Chemie zu tun, dass aus Reis, Milch und Zucker so ein cremiges Dessert werden kann. Die Bewohner der Normandie sind sehr stolz auf ihren »Milchreis«, und dort findet man ihn in den Kühlregalen der Supermärkte neben internationalen Joghurtmarken. Selbst gekocht schmeckt er aber noch viel besser. Ein Klecks Konfitüre darauf, mehr ist nicht nötig.

Für 8 Portionen

125 g Rundkornreis
125 g hellbrauner Zucker
fein abgeriebene Schale von 1 Bio-Orange
1,5 Liter Vollmilch
gemahlener Zimt, zum Bestäuben

Den Backofen auf 140 °C (120 °C Umluft) vorheizen. Reis, Zucker und Orangenschale in einer hohen, ofenfesten Form (1,8 Liter Volumen) gut verrühren, dann langsam die Milch unterrühren. Mit Zimt bestreuen und im Backofen 5 Stunden garen, bis die Mischung eine dicke, braune Haut hat. Serviert man das Dessert heiß, ist es dickflüssig und cremig. Serviert man es lauwarm oder gekühlt, ist es fester. Es kann auch im Backofen aufgewärmt werden.

ENTHÄLT JOD

1 Portion enthält: 1013 kJ / 242 kcal | Fett: 7,5 g | davon gesättigte Fette: 4,7 g | Kohlenhydrate: 36,6 g | davon Zucker: 23,7 g | Eiweiß: 7,2 g | Salz: 0,2 g

HIMBEER-JOGHURT-EIS

Nur drei Zutaten, und jede spielt eine Hauptrolle. Himbeerjoghurt sorgt für das Aroma, Joghurt nach griechischer Art für den sahnigen Charakter und Sirup für die weiche Konsistenz. Verwenden Sie besser keinen echten griechischen Joghurt, denn er ist zu fest. Wählen Sie Fruchtjoghurt in Bioqualität und lesen Sie das Kleingedruckte. Zum Servieren mit Himbeersauce beträufeln und mit frischen Himbeeren und Mini-Baisers anrichten.

Ergibt etwa 1 Liter / Für 8 Portionen

500 g Naturjoghurt nach griechischer Art
500 g Vollmilchjoghurt mit Himbeeren
150 g heller Sirup (z. B. von Grafschafter)

Alle Zutaten in einer großen Schüssel verrühren und gemäß Herstelleranweisung in der Eismaschine gefrieren. Danach in eine Gefrierdose umfüllen, fest verschließen und wieder einfrieren.

Wenn das Eis sehr hart gefroren ist, 30 Minuten vor dem Servieren aus dem Tiefkühler nehmen.

OHNE EISMASCHINE Die Mischung in eine Gefrierbox füllen. Nach etwa drei Stunden die halb gefrorene Masse mit dem Stabmixer durchrühren, dann einige Stunden oder über Nacht gefrieren lassen.

ENTHÄLT VITAMIN C
1 Portion enthält: 649 kJ / 155 kcal | Fett: 5,9 g | davon gesättigte Fette: 3,8 g | Kohlenhydrate: 21,6 g | davon Zucker: 18,8 g | Eiweiß: 3,8 g | Salz: 0,2 g

EISBECHER MIT MÜSLI

Joghurteis eignet sich als Grundlage für allerlei fantasievolle Eisbecherkreationen. Die folgenden mögen Kinder gern.

Für 4 Portionen

2 Bananen, geschält und in Stücke geschnitten
2 Esslöffel Lemon Curd
500 ml Joghurteiscreme (siehe oben)
80 g Knuspermüsli
100 g Heidelbeeren
4 Teelöffel Waldhonig

Bananen und Lemon Curd im Mixer glatt pürieren. In vier hohe Gläser verteilen. Einige Eiskugeln daraufgeben, mit Knuspermüsli und Heidelbeeren bestreuen und zuletzt jede Portion mit 1 Teelöffel Honig beträufeln.

ENTHÄLT JOD
1 Portion enthält: 1549 kJ / 370 kcal | Fett: 6,9 g | davon gesättigte Fette: 3,1 g | Kohlenhydrate: 67,9 g | davon Zucker: 58,8 g | Eiweiß: 7,9 g | Salz: 0,3 g

JOGHURTEIS MIT HONIG

Wir würden viel öfter Eis essen, wenn da nicht das schlechte Gewissen wäre. Joghurteis ist die Lösung, denn es ist wunderbar cremig, aber nicht so fett wie Sahneeis. Außerdem ist es ganz leicht selbst zu machen, und Sie können sicher sein, dass es keine fragwürdigen Zutaten enthält.

Ergibt etwa 1 Liter / Für 8 Portionen

175 g Zucker
75 g klarer Honig, plus etwas mehr (nach Belieben), zum Servieren
1 Teelöffel Vanilleextrakt
900 g Naturjoghurt

Zucker, Honig und Vanilleextrakt in einer großen Schüssel mit dem Joghurt verrühren. Insgesamt 10 Minuten stehen lassen, zwischendurch umrühren, sodass der Zucker sich auflöst. Gemäß Herstelleranweisung in der Eismaschine gefrieren. Sofort servieren oder in eine Gefrierdose umfüllen, verschließen und erneut einfrieren. Zum Servieren mit etwas Honig beträufeln.

OHNE EISMASCHINE Die Mischung in eine Gefrierbox füllen. Nach etwa drei Stunden die halb gefrorene Masse mit dem Stabmixer durchrühren und einige Stunden oder über Nacht gefrieren lassen.

Ob mit oder ohne Maschine zubereitet: Das Eis lässt sich besser zu Kugeln formen, wenn Sie es etwa 20 Minuten vor dem Servieren aus dem Gefrierfach nehmen, damit es etwas antauen kann.

REICH AN JOD | ENTHÄLT KALZIUM, PHOSPHOR
1 Portion enthält: 854 kJ / 204 kcal | Fett: 3,4 g | davon gesättigte Fette: 2,1 g | Kohlenhydrate: 37,1 g | davon Zucker: 37,1 g | Eiweiß: 6,3 g | Salz: 0,2 g

PORRIDGE MIT BUTTERMILCH UND ZIMT

Die Briten wissen, dass Porridge zum Frühstück ein guter Start in den Tag ist. Man kann ihn mit etwas Buttermilch oder Butter verfeinern und mit Stevia oder Honig süßen – aber er muss gar nicht unbedingt süß sein. Auch ohne Extras haben der nussige Duft und die Konsistenz ihren Reiz.

Nehmen Sie sich doch einmal am Wochenende Zeit, um Porridge zu kochen. Die Schotten schwören auf kernige Haferflocken für mehr Biss, in anderen Gegenden gibt man hingegen eine Prise Hafermehl dazu, damit der Brei schön sämig wird. Es gibt also jede Menge Möglichkeiten zum Experimentieren.

Für 2 Portionen

SO WIRD ES GEMACHT 1 Tasse zarte Haferflocken über Nacht in 3 Tassen Wasser einweichen. Am nächsten Morgen die Mischung in einem kleinen Topf bei mittlerer Temperatur unter häufigem Rühren zum Kochen bringen. Auf den Shetlands verwendet man dafür traditionell einen ca. 30 cm langen Holzstab. Auf schwacher Hitze noch 3–4 Minuten brodeln lassen, bis die Flocken weich sind. Eine Prise Salz einrühren – unbedingt erst kurz vor dem Servieren, sonst werden die Flocken hart. Mit einem Schuss Milch oder Buttermilch, etwas Zimt, braunem Zucker oder Honig servieren. Nach schottischer Tradition gehört noch ein Schuss Whisky hinein. Warum nicht? Es ist schließlich Wochenende.

ENTHÄLT KALZIUM, PHOSPHOR
1 Portion (ohne Topping) enthält: 511 kJ / 122 kcal | Fett: 2,3 g | davon gesättigte Fette: 0,4 g | Kohlenhydrate: 20,7 g | davon Zucker: 5,5 g | Eiweiß: 3,4 g | Salz: 2,9 g

ZITRONENQUARK MIT GIN

Seit mein fast erwachsener Sohn im Portobello Star gejobbt hat, habe ich ein Faible für Gin. Das liegt daran, dass zum Pub eine Brennerei gehört. »The Ginstitute« stellt nicht nur Portobello Road Gin her, sondern aromatisiert ihn auch mit allerlei Zutaten.

Für 4 Portionen

2 Blatt Gelatine, in breite Streifen geschnitten
2 Esslöffel Gin
fein abgeriebene Schale und Saft von 1 Biozitrone
250 g Quark (für selbst gemachten Quark siehe Seite 46)
3 Esslöffel Sahne
2 Freilandeier (Größe M)
50 g Zucker
essbare Blütenblätter, zum Dekorieren (nach Belieben)
feines Gebäck, zum Servieren

Die Gelatine in einer mittelgroßen Schüssel mit kaltem Wasser bedecken und 5 Minuten einweichen. Abtropfen lassen und ausdrücken. Gin und Zitronensaft in einem kleinen Topf bis kurz vor dem Siedepunkt erhitzen. Über die Gelatine gießen und diese unter Rühren auflösen. Auf Zimmertemperatur abkühlen lassen. Quark, Sahne und Zitronenschale in einer großen Schüssel mit dem Handmixer glatt rühren, dann langsam bei laufendem Motor die Gelatinelösung hineintröpfeln lassen.

Das Eiweiß in einer mittelgroßen Schüssel mit dem elektrischen Handmixer zu steifem Eischnee schlagen. Den Zucker esslöffelweise darüberstreuen und jeweils gut unterschlagen. Den steifen, glänzenden Eischnee in zwei Portionen mit einem Kochlöffel unter die Quarkmasse heben. In sechs Ramequin-Formen (à 150 ml Volumen) oder hübsche Dessertgläser füllen und zum Festwerden einige Stunden kalt stellen. Abgedeckt hält sich die Creme mindestens 2 Tage im Kühlschrank. Nach Belieben mit essbaren Blütenblättern garnieren und mit feinem Gebäck servieren.

ENTHÄLT VITAMIN E, PHOSPHOR

1 Portion (ohne Gebäck) enthält: 1118 kJ / 267 kcal | Fett: 11,6 g | davon gesättigte Fette: 4,9 g | Kohlenhydrate: 23,1 g | davon Zucker: 18 g | Eiweiß: 13,5 g | Salz: 0,3 g

BUCHWEIZENPFANNKUCHEN MIT GESALZENER BUTTER UND HONIG

Buchweizenmehl ist hellgrau, je nach Ausmahlungsgrad mit dunklen Sprenkeln. Mit seinem feinherben Aroma schmeckt es robuster als Vollkornmehl, ist aber ebenso gesund. Wenn Sie Blini kennen, wird Ihnen der Duft beim Backen vertraut sein. Buchweizen ist übrigens gar kein Getreide, er gehört zu den Knöterichgewächsen und ist glutenfrei. Der volkstümliche Name bezieht sich darauf, dass die Samen entfernte Ähnlichkeit mit Bucheckern haben.

Diese kleinen Pfannkuchen schmecken mit herzhaften und süßen Belägen gleichermaßen. Ich mag sie am liebsten mit Räucherlachs und saurer Sahne.

Ergibt 24 Stück / Für 6 Portionen

FÜR DEN TEIG
80 g Mehl
80 g Buchweizenmehl
2 Teelöffel Backpulver
1 Prise hellbrauner Zucker
1 Prise feines Meersalz
1 Freilandei (Größe M), getrennt
300 ml Vollmilch
2 Teelöffel Erdnuss- oder Pflanzenöl, zum Braten

ZUM SERVIEREN
weiche gesalzene Butter
klarer Honig und eine kleine Honigwabe

Mehl, Buchweizenmehl und Backpulver in eine große Schüssel sieben. Zucker und Salz zugeben. Eigelb und Milch in einer anderen Schüssel verquirlen, dann zu den trockenen Zutaten geben und alles glatt rühren. Den Teig 10 Minuten quellen lassen. Das Eiweiß in einer sauberen Schüssel mit dem elektrischen Handmixer zu steifem Eischnee schlagen und unter den Teig heben.

Inzwischen eine gusseiserne Pfanne auf mittlerer Stufe 10 Minuten gleichmäßig erhitzen. Mit etwas Öl einpinseln. Mit einem Esslöffel Teigkleckse hineinsetzen und diese leicht verstreichen. Etwas Abstand zwischen den Klecksen lassen. 1–2 Minuten braten, bis sich Luftblasen auf der Oberseite zeigen. Wenden und die andere Seite 1 Minute braten. Die erste Seite ist ganz glatt, die zweite zeigt Poren. Je vier Stück auf einen Teller legen, mit etwas gesalzener Butter und einem Klecks Honig und etwas Honigwabe servieren. Sie können die fertigen Pfannkuchen auf einem Teller stapeln, mit Alufolie abdecken und 30 Minuten im Ofen warm halten. Zum späteren Aufwärmen im vorgeheizten Backofen (180 °C / 160 °C Umluft) jeweils sechs Pfannkuchen aufeinander in Alufolie wickeln und 20 Minuten in den Ofen schieben.

REICH AN PHOSPHOR | ENTHÄLT VITAMIN B_{12}, MANGAN
1 Portion enthält: 896 kJ / 214 kcal | Fett: 8,1 g | davon gesättigte Fette: 4,3 g | Kohlenhydrate: 29,8 g | davon Zucker: 8,9 g | Eiweiß: 4,9 g | Salz: 0,6 g

Register

Dank

Vielen Dank an Kyle Cathie, die mich auf die Idee für dieses Buch brachte. Ich fand es sehr spannend, mich mit dem ernährungswissenschaftlichen Aspekt der Milchprodukte zu beschäftigen. Danke auch an Claire Rogers, die das Projekt koordiniert hat, für die angenehme Zusammenarbeit.

Danke an mein Dream-Team: An den Fotografen Con Poulos und seinen Assistenten Garth McKee für die tollen Fotos, an Susie Theodorou und ihre Kolleginnen für das hinreißende Food-Styling. An Erika Oliveira und ihre Produktionsassitentin Hollis Yungblut für das geschmackvoll-reduzierte Layout und an Stephanie Evans für das gewissenhafte Lektorat.

Es war mir eine Freude, mit der Ernährungswissenschaftlerin Alina Tierney zusammenzuarbeiten, die mich über die neuesten Forschungsergebnisse informierte und jedes Detail methodisch abarbeitete. Danken möchte ich auch Juliet Harbutt, der Gründerin des British Cheese Awards, für die kompetente Beratung. Vielen Dank an Angela Mason, Redakteurin des *You Magazine* in der *Mail on Sunday,* für ihre Unterstützung.

Zuletzt möchte ich Jonnie, Louis und Rothko danken, für die ich jeden Tag koche und deren Urteil mir am wichtigsten ist. Danke an meine Agentin Lizzy Kremer bei David Higham. Danke, dass es Euch alle gibt.